中小学劳动教育安全指南

任国友　安博　岳建伟◎编著

中国工人出版社

图书在版编目（CIP）数据
中小学劳动教育安全指南 / 任国友，安博，岳建伟编著.
—北京：中国工人出版社, 2021.8
ISBN 978-7-5008-7708-0

Ⅰ. ①中… Ⅱ. ①任… ②安… ③岳… Ⅲ. ①劳动课－中小学－指南
Ⅳ. ①G634.931-62

中国版本图书馆CIP数据核字(2021)第155771号

中小学劳动教育安全指南

出 版 人　王娇萍
责任编辑　姚　宁
责任印制　黄　丽
出版发行　中国工人出版社
地　　址　北京市东城区鼓楼外大街45号　邮编：100120
网　　址　http://www.wp-china.com
电　　话　（010）62005043（总编室）
（010）62005039（印制管理中心）
（010）62379038（社科文艺分社）
发行热线　（010）82029051　62383056
经　　销　各地书店
印　　刷　三河市国英印务有限公司
开　　本　880毫米×1230毫米　1/32
印　　张　5
字　　数　95千字
版　　次　2021年8月第1版　2021年10月第2次印刷
定　　价　28.00元

前言 Preface

劳动教育是培养学生积极健康的劳动态度、劳动习惯和劳动观念，形成日常生活中必备劳动技能的教育。一直以来，劳动教育受到党和国家的高度重视。2018 年 9 月 10 日，习近平在全国教育大会上指出，要努力构建德智体美劳全面培养的教育体系，形成更高水平的人才培养体系……培养德智体美劳全面发展的社会主义建设者和接班人。全社会要担负起青少年成长成才的责任。各级党委和政府要为学校办学安全托底，解决学校后顾之忧，维护老师和学校应有的尊严，保护学生生命安全。2015 年 7 月 24 日，《教育部 共青团中央 全国少工委关于加强中小学劳动教育的意见》指出，劳动教育是全面贯彻党的教育方针的基本要求，是实施素质教育的重要内容，是培育和践行社会主义核心价值观的有效途径。2019 年 11 月 26 日，习近平主持召开中央全面深化改革委员会第十一次会议，会议审议通过了《关于全面加强新时代大中小学劳动教育的意见》

《关于深化新时代教育督导体制机制改革的意见》。2020 年 3 月 20 日，《中共中央 国务院关于全面加强新时代大中小学劳动教育的意见》指出，劳动教育是国民教育体系的重要内容，是学生成长的必要途径，具有树德、增智、强体、育美的综合育人价值。实施劳动教育重点是在系统的文化知识学习之外，有目的、有计划地组织学生参加日常生活劳动、生产劳动和服务性劳动，让学生动手实践、出力流汗，接受锻炼、磨炼意志，培养学生正确劳动价值观和良好劳动品质。

从马克思主义劳动观的科学认知，到中小学校教育与生产劳动相结合的曲折实践探索，再到新时代提出培养德智体美劳全面发展的社会主义建设者和接班人的理论升华，使劳动教育从以往促进青少年全面发展的途径提升为国民教育体系中与德育、智育、体育、美育“五育并举”的重要组成部分，标志着劳动教育已上升为国家教育战略。因此，开展新时代中小学劳动教育意义重大。

全书共四章，各章主要内容简介如下：

第一章　家务劳动教育安全指南（由任国友、安博、陈祉伊编写）。主要介绍了家务劳动中的自我服务劳动、家庭服务劳动和交往服务劳动以及其他家务劳动安全知识与技能。

第二章　校内劳动教育安全指南（由任国友、安博、王贤静编写）。主要介绍了校内劳动中的班务劳动、校务劳动和特色项目劳动以及实验室安全知识与技能。

第三章　校外劳动教育安全指南（由任国友、岳建伟、张丽芳编写）。主要介绍了校外劳动中的职业体验劳动、社会服务劳动和基地劳动以及交通安全知识与技能。

第四章　境外研学旅行安全指南（由任国友、岳建伟、孙姣编写）。主要介绍了境外研学旅行中的公共卫生、公共安全、社会安全以及研学旅游安全知识与技能。

本书的部分内容为中国劳动关系学院 2021 年校级教育教学改革项目“劳动素养评估视角下的安全工程专业劳动教育改革与实践”（项目编号：JG2124）和 2019 年北京高等教育“本科教学改革创新项目”重大项目“新时代高校劳动教育实施体系建构”（项目编号：201912453002）的阶段性成果。

当前，对劳动教育安全问题的探索刚刚起步，其中相关的内容问题很多，本书的编写只是中小学劳动教育理论与实践的初步总结（《大学生劳动教育指南》另篇安排），难免存在错漏、不当之处，敬请读者多提宝贵意见。

最后，感谢每位《中小学劳动教育安全指南》的读者，如果你们在阅读过程中发现任何不妥或需要改进之处，欢迎与我联系，以便通过大家的努力，不断完善本书的内容。

我的 E – Mail：20060024@culr.edu.cn

任国友

于北京中关村

目录 Contents

第一章

家务劳动教育安全指南

家务劳动是指家庭成员在居家生活中从事的一种日常性劳动。家务劳动包括自我服务劳动、家庭服务劳动和交往服务劳动三大类型。自我服务劳动是指在自己力所能及的范围内料理自己的生活，保持学习和生活环境的整洁。家庭服务劳动是指以家庭和家庭成员为服务对象的劳动，包括洗衣做饭、照看孩子、购买日用品、清洁卫生、照顾老人、护理病人等，还包括缝纫、烹饪、切割等基本生活技能。交往服务劳动是指在家庭交往活动中表现尊重、友好的行为方式，包括起身迎、引入座、敬茶水、摆座椅、备饭菜等惯例服务劳动。

实施家务劳动的关键环节与要素包括选择劳动项目，总结、反思和交流，概括提炼经验和行动应用。在实施家务劳动过程中常常需要注意各种各样的安全问题，主要包括自我服务劳动安全、家庭服务劳动安全、交往服务劳动安全以及其他家务劳动安全。

第一节　自我服务劳动安全知识与技能

1. 学习文具使用和选用安全注意事项

技巧 1：不要选择太白的纸张。纸太白会刺激、损伤学生的眼睛。作业本纸张异常洁白，可能是在生产过程中添加了大量的荧光增白剂，长期使用不仅会影响学生视力，同时也会对人体产生不良影响。

技巧 2：不要选择带有香气的橡皮。做成香蕉、菠萝、蛋糕等形状的橡皮不仅外形逼真，还会散发出阵阵水果、奶油的香味，许多孩子都喜欢这样的文具。尤其是低年级小学生，刚开始接触文具时都会感到很新奇，对某些橡皮的香味特别喜欢，会闻个不停，甚至还有啃、咬文具的习惯。有的香味过于浓郁的文具使用的是工业香精，其香料内的甲醛、苯超标，长时间使用会导致头痛、身体乏力，如果孩子长时间啃、咬这类文具很可能会导致慢性中毒。

技巧 3：蜡笔、水彩笔、油画棒等美术用笔选择要谨慎。油画棒是孩子们普遍使用的美术用品，其原料中含有一定量的可溶性金属元素，如铅、钡、铬、锑、镉、汞、砷等。因蜡笔、水彩笔、油画棒等在使用过程中会与儿童身体尤其是手部皮肤直接接触，而且儿童常常有含咬、吸吮笔杆或手指的习惯，有害物质很容易被孩子们误食到体内，易引起记忆力减退、多动症，严重的还可能造成慢性中毒。

技巧 4：多功能文具盒选择要谨慎。多功能文具盒虽然功能越来越多，但按钮弹性太强，在按按钮的时候，冷不防就有一个盒子或者其他东西从旁边弹出，而这些物品多由塑料制成，有一定的硬度，如果儿童靠得太近边看边按，很容易弹伤眼睛或手部。

技巧 5：接触文具边缘要小心。文具的可触及边缘、边角等不能有毛边、尖端或者溢边，或者应加以保护使之不可被触及。如果铁皮铅笔盒质量较差，合页处的铁杆很容易在使用过程中发生变形，从而割伤手。尺子的锐角、圆规的尖儿等一不小心就会划伤学生的皮肤；剪刀也存在边缘、尖端易造成伤害的问题。

技巧 6：书包选择要谨慎。学生用的书包、笔袋一般为纺织产品，纺织产品在印染、整理过程中通常要加入各种染料和助剂，这些整理剂中或多或少地会含有或产生对人体有害的物质，特别是当甲醛残留在纺织品上并达到一定量时，就会对学生的身体健康产生较大危害。

2. 穿衣时安全注意事项

技巧 1：尽量不要选择扣子多的服饰。面对一款有许多扣子、铆钉、水钻或亮片的服饰，即使再好看也不要购买。因为扣子、铆钉等装饰物，很可能会被孩子们误吞而造成窒息。若已经购买这类衣服，要将扣子缝紧，以免发生意外。

技巧 2：尽量不要选带毛的衣服。虽然毛茸茸的材质摸着柔软舒服，但一些人属于过敏体质，如果穿了这些带有毛领的衣服，就容易出现哮喘等呼吸系统的疾病。

技巧 3：尽量不要买带绳带的衣服。一些带帽子的卫衣，领口处都会有一根长长的抽绳，虽然起着收缩领口、防寒保暖的作用，但也有不小的潜在风险。一旦绳子不小心收缩，勒住孩子的脖子，极有可能带来非常严重的后果。另外，《婴幼儿及儿童纺织产品安全技术规范》（GB31701-2015）要求，婴幼儿及 7 岁以下儿童服装头部和颈部不应有任何绳带，同时规定儿童服装除腰带外，背部不应有绳带伸出或系着，并且绳带的自由末端不允许打结或使用立体装饰物。带绳带的衣服加大了婴幼儿受伤的风险。

技巧 4：尽量不要选择有拉链的衣服。如果有拉链，脱衣服时不要将拉链对着自己，尽量不要让拉链接触自己的皮肤，以免划伤。

3. 手机在线学习风险须知

技巧 1：要有风险意识。在潜意识中警惕任何网络上的陌生人。同时不要盲目扫描二维码，以防被强行安装恶意软件和木马病毒，更不要盲目点击不知来源的链接以防进入“钓鱼”网站。

技巧 2：慎用商用软件。安装应用程序到该品牌手机自带的“应用商场”里去搜寻安装，不要到浏览器上搜寻下载，一些黑客程序、软件就是在浏览器页面上植入的。

技巧 3：线上上课保持理性。线上教育不是简单地把手机交给孩子，而是应该通过这样的契机，帮助孩子们完成互联网生活的安全教育，引导他们在纷繁的网络世界里保持理性，既不冲动于物质消费，也不沉迷于“精神消费”。

技巧 4：将心思放在学习上。网络学习对那些自控力较低的学生们来说是一件很艰巨的任务，所以更要一心放在学习上，这样学生不仅不会受到不法分子的欺骗，还会提高学习成绩。

4. 居家网络诈骗防范方法

技巧 1：即使是家人的来电短信，也要对内容进行甄别，回拨电话验证。

技巧 2：对推销“高科技产品”、特效药的，不要贪图便宜，轻信他人宣传，避免上当受骗。

技巧 3：遇到别人向你借钱，核实对方身份后再做决定。

技巧 4：当 QQ 信息或手机中收到一些来历不明的中奖提示，不管内容有多么逼真诱人，请千万不要相信，更不要按照所谓的咨询电话或网页进行查证。

技巧 5：网络兼职诈骗具有高提成诱惑、先付货款后提成、购买后先向对方交付商品信息或卡号密码的特点，遇到这种情况不要落入“低门槛高回报”的骗局。

技巧 6：当遇到有人低价销售网络游戏装备或游戏币时，请提高警惕，不要轻信对方。如确需购买相关物品，请向官方购买，不给犯罪嫌疑人可乘之机。

5. 遇到网络诈骗怎么办

步骤 1：保持冷静、确定损失。我们要先确定自己的损失，如钱财、物品等，可以列出损失清单，供报案用。如果被骗财物为游戏道具、游戏币、账号或其他虚拟物品，请先联系该游戏、软件或者网站的管理员进行处理。

步骤 2：尽快报警、防止二次受骗。确定了损失之后，我们必须尽快报警，切不可再联系网络诈骗者，防止二次受骗。有的受害者挽回损失心切，未经报案便私下联系网络诈骗者，并且轻信了其退款、退物的谎言，二次受骗，使损失进一步扩大。

步骤 3：想尽办法、及时止损。报警之后，我们可以想办法进行止损，如尽快联系银行或快递公司等。若为网银诈骗，且保存有诈骗者开户行及账号信息，可立即登录对方开户行的网银和电话银行，输入对方账号后，故意输错三次登录密码，这样对方的网银转账跟电话银行转账功能就会被暂时冻结 24 小时，为我们联系银行、报警，进一步止损争取宝贵时间。

步骤 4：搜集证据、妥善保存。网络诈骗者一般都是通过媒介和被害人接触联系，如 QQ、手机短信、电子邮件和网络游戏等。受害者首先要保存相关证据，最好有银行的交易记录，还要有网络聊天记录及对方的联系方式等。

步骤 5：选择正确的报案地点。被骗人可以向案发地、诈骗行为实施地、嫌疑人住所地报案。即可以选择在你的所在地报案，如若你知道犯罪嫌疑人在哪，也可以去其所在地报案，两地警方任何一方接到报案后均应受理。

6. 独自在家的安全隐患防范

技巧 1：家门不能随便开。孩子独自在家，要牢记门户是家中最重要的安全防线，不能轻易开门。如有陌生人敲门，要尽量婉拒，可请他等父母回来后再上门。

技巧 2：记住父母的电话。孩子要记住父母的联系电话，可以把号码贴在电话机旁，也可写在纸上随身带着。孩子还要学会正确使用家中的通信工具，最好养成定时与父母联系的习惯。

技巧 3：学会如何报警。拨打 110 时不要紧张，话要说清楚，尽量讲普通话，把姓名、地点、事由讲清楚。

技巧 4：陌生电话要当心。“喂，请问你找谁？”“你爸爸在家吗？”“请问你是谁？”“你不知道我是谁？”“你是不是一个人在家？”独自在家的孩子面对这种奇怪的试探性电话，要提高警惕，可假意让大人听或者借口打错而挂电话，千万不要透露独自在家的情况，同时还应马上告知父母。

技巧 5：熟悉家庭环境。父母要让孩子熟悉自己的家庭环境，为他们在遇到危险时设计一条安全的逃跑路线或寻找一个安全躲藏的地方。如让孩子知道哪个房间有电话可报警、哪个房间有门锁可躲避。

7. 整理家居内务时头部被磕到怎么办

技巧 1：撞到头之后先不要立即活动，先保持安静，最好是原地不动，给自己一个缓冲，避免更大的伤害。

技巧 2：如果撞到头出现鼓包，一定不要揉搓，可以用冰袋或冷毛巾冰敷。

技巧 3：撞到头之后不要剧烈活动，不要从事沉重的体力劳动或者跑跳等，最好安静三小时以上，以免出现脑震荡等问题。

技巧 4：撞到头后两天内要多加观察，一旦出现莫名的头晕、恶心、心慌、嗜睡，立刻就医。

8. 呼吸道传染病流行期间防护措施

技巧 1：勤开窗户，保持生活、工作环境的空气流通。

技巧 2：在呼吸道疾病流行期间，尽量减少去人员拥挤的公共场所。

技巧 3：勤洗手，注意防寒保暖，衣着适量，随气候递减。

技巧 4：饮食合理，多吃蔬菜水果，保证足够的营养，多喝白开水。

技巧 5：注意体育锻炼，提高耐寒能力，增强体质。

技巧 6：对呼吸道传染病缺乏抵抗力者应避免接触呼吸道传染病人，难以避免时，戴棉纱口罩有一定的预防效果。

技巧 7：若有发烧或出现上呼吸道症状时，应及时到医院就诊，有利于早期诊治呼吸道传染病。

技巧 8：预防接种。接种是被国际医学界公认的最有效武器。

9. 在家中怎样预防新型冠状病毒肺炎的传染

技巧 1：增强卫生健康意识，适量运动、保障睡眠、提高自身免疫力。

技巧 2：保持良好的个人卫生习惯，咳嗽或打喷嚏时用纸巾掩住口鼻，经常彻底洗手，不用脏手去触摸眼睛、鼻或口。

技巧 3：居室多通风换气并保持整洁卫生。

技巧 4：尽可能避免与有呼吸道疾病症状（如发热、咳嗽或打喷嚏等）的人密切接触。

技巧 5：尽量避免到人多拥挤和空间密闭的场所，如必须去要佩戴口罩。

技巧 6：避免接触野生动物和家禽家畜。

技巧 7：坚持安全的饮食习惯，食用肉类和蛋类要煮熟、煮透。

技巧 8：密切关注发热、咳嗽等症状，出现此类症状一定要及时就近就医。

10. 传染病居家隔离怎么做

技巧 1：居住空间一定要通风，有可疑症状者需要住在通风良好的单人房间里，并拒绝一切探视。

技巧 2：家庭成员应该在不同的房间，条件不允许的话，那么至少要保持一米的距离。

技巧 3：最好选定一位身体健康的成员来照顾可疑症状者。

技巧 4：可疑症状者的污染物一定要标记好再处理。

技巧 5：多饮温水，保持身体脾胃健康。

技巧6：若发现发热、干咳、腹泻等症状需要及时就医。

第二节 家庭服务劳动安全知识与技能

1. 电热水器安全使用事项

技巧1：用户要购买电源插头上有漏电保护装置的电热水器，然后在自家的电源箱中再加装一个剩余电流动作保护装置，起到双保险的作用。

技巧2：必须保证接地线完好，防止触电事故发生。

技巧3：保持电热水器使用环境通风干燥，以防电气元件因长时间处于潮湿状发生漏电等故障。

技巧4：电热水器的插座必须使用单独的固定插座，采用截面不小于 $2.5mm^2$ 的单股绝缘铜线连接，有防水措施，有可靠接地线，经专业人员安装。

技巧5：首次使用或使用长期停用的电热水器，必须先在内胆中注满水，方可接通电源。

2. 烹饪时油锅着火怎么办

步骤1：关掉炉火，同时用锅盖、大块湿抹布或灭火毯盖锅。

步骤2：沿着锅的边缘迅速倒入切好的蔬菜或其他生冷食物，使锅里的油温迅速下降，锅里的火会自动熄灭。

步骤 3：关掉抽油烟机、抽风机。抽油烟机或抽风机会助长火势，不利于灭火。

步骤 4：对于使用土灶做饭的，也可以使用沙土灭火。

3. 烹饪时燃气泄漏的处理方法

步骤 1：应禁止一切能引起火花的行为，如打开或关闭电灯，使用抽油烟机、排风扇等家用电器，避免引起煤气的燃烧，从而防止火灾发生。

步骤 2：立刻关闭燃气的总阀门，停止燃气的继续泄漏。

步骤 3：用湿毛巾捂住鼻子和嘴，并尽快打开窗户，让新鲜空气进来，这样可以大大降低室内煤气的浓度。

步骤 4：关上厨房门，避免煤气进入客厅和卧室内。

步骤 5：赶紧去找邻居或小区物业，请他们帮忙打电话给煤气公司。

步骤 6：如果你看到煤气的钢瓶阀门处已经着火，千万不要慌，应尽快关闭阀门，不要因为害怕而把钢瓶弄到屋外任其燃烧，这样反而会引起爆炸。

4. 居家煤气中毒的处理方法

步骤 1：立即打开门窗，移动病人至通风良好、空气新鲜的地方，注意保暖。查找煤气泄漏的原因，排除隐患。

步骤 2：松解衣扣，保持呼吸道通畅，清除口鼻分泌物。如发现呼吸骤停，应立即进行人工呼吸，并做心脏体外按摩。

步骤 3：立即进行针刺治疗，取穴为太阳、列缺、人中、少商、十宣、合谷、涌泉、足三里等。轻、中度中毒者，针刺后可以逐渐苏醒。

步骤 4：立即给氧，有条件应立即转医院高压氧舱室做高压氧治疗，尤适用于中、重型煤气中毒患者，不仅可使病者苏醒，还可使后遗症减少。

步骤 5：立即静脉注射 50% 的葡萄糖液 50 毫升，加维生素 C 500~1000 毫克。轻、中型病人可连用 2 天，每天 1~2 次，不仅能补充能量，而且有脱水之功效，早期应用可预防或减轻脑水肿。

5. 居家缝纫操作注意事项

技巧 1：保持正确的坐姿。

技巧 2：注意脚部控制电机踏板及压脚的方法。

技巧 3：掌握正确的安装梭心的方法和穿线、起针、收针、倒针等操作。

技巧 4：注意送料、接料操作和拐弯操作。

技巧 5：掌握正确绕底线的方法。

技巧 6：务必安装皮带防护罩等安全装置。

技巧 7：在缝纫机运转中不要将手指、头发、衣服靠近皮带轮、V 形皮带、马达及旋转部位，也不要把东西放到机器上面。

技巧 8：在缝纫机操作中，旋梭高速地旋转。为了防止手部受到伤害，运转中请绝对不要把手靠近旋梭。

6. 使用刀具切割时受伤出血怎么办

步骤 1：止血。若是一般的出血，用干净的纱布或手绢、毛巾在出血部位加压包扎即可，也可以用另一只手或由别人对伤手加压，既有效，也不会造成不良后果。如果手的动脉损伤发生大出血，可用止血带或弹性胶管束缚上臂 1/3 部位止血，并送大医院进行手术，其间应每隔 1 小时松开止血带 5~10 分钟，以免手部缺血坏死。

步骤 2：防止进一步污染。不要在伤口上涂抹紫药水之类的药物，以免影响医生判断伤情。

步骤 3：防止损伤加重。如果手指发生骨折并不全离断时，要用小木板、铁皮等做临时固定，同时也能起到止痛的作用。

步骤 4：自行简易处置。对于一些手部小的创伤，家里如果有常备的急救工具，可以自行处置。手部若被重物压伤，皮肤大多不会破，而会出现皮下青紫或血肿，此时要用冷毛巾或冷水袋外敷 30 分钟左右，能防止血肿增大，减轻疼痛。

7. 照看小孩儿的安全注意事项

技巧 1：不要让孩子蒙头睡。孩子睡觉时不能用衣服、被子将其头部蒙住。因为幼儿手臂力弱，很难掀起较重的衣服、被子，容易发生窒息事件。

技巧 2：窗户要加上护栏。孩子喜欢趴向窗口，很容易发生跌落事件。

技巧 3：地面不要湿滑。孩子所在空间要保持干燥，不湿滑，在洗手间、洗手盆和门前放防滑垫。

技巧 4：远离电源、室内电源线，开关要有适当高度，不要让孩子触摸到。

技巧 5：远离热源。不要让孩子去厨房灶台边，防止其玩火烧伤，注意防止电炉等物品将孩子烫伤。

技巧 6：注意饮食。花生、黄豆、瓜子、爆米花等圆硬食品，或带有刺状的鱼肉，要尽量避免给幼儿吃。

技巧 7：不要把药品摆在显眼位置。凡是药品，不要随意摆放，以免孩子误食引起中毒或身亡。

技巧8：不要玩锐器。不要给孩子锐器，如刀具、玻璃、发卡及其他金属尖状物品，避免其戳伤眼睛、刺伤皮肤或割伤身体。

技巧9：玩具不宜过小。玩具不要太小，如玻璃球之类，或是可拆卸玩具的部分过小。最好玩具的整体大于孩子的嘴，同时要注意避免孩子误食塑料球、硬币等小物件。

8. 照看老年人的居家安全注意事项

技巧1：小心地面。梯级、不平地板、光滑地砖等容易使老人发生意外。

技巧2：家具摆放整齐。家具及一些物品摆放拥挤杂乱，也可能使老人跌倒受伤。

技巧3：一些随时要用到的物品（食品）应该摆在老人容易拿到的地方，而不要放在需动用梯子或凳子之类的攀爬工具才能拿到的地方，这可避免家庭意外的发生。

技巧4：老人晚上上厕所时，通常不喜欢开灯，因此卧房、客厅或厨房不应该有太多杂物，以免被绊倒。

技巧5：不应该让老人坐太软的沙发，因为他们坐下后，起身比较困难。

技巧6：有条件的要给老人安装一个报警器。

9. 如何防止儿童噎食

技巧 1：食物要切成细块儿，便于咀嚼；如果囫囵吞咽，很容易卡住嗓子。

技巧 2：吃饭时不要说笑。说话、大笑时，呼吸道是敞开的，嘴里含有食物，一不留神就会因噎食而产生危险。

技巧 3：提醒细嚼慢咽。食品要细嚼慢咽，才能被充分碾碎，从而避免黏性大的食品粘到食道造成噎食。

技巧 4：保持饭菜柔软。儿童和老人的咀嚼能力较弱，尽量少食用硬度大的食品，特别是豆类，体积小而且难以咀嚼，容易引起噎食。

10. 儿童噎食怎么办

技巧 1：被噎到时，如果情况不是很严重，这时候不要着急害怕，可以站立起来，咽几下唾沫，或者喝一些热水，慢慢把食物顺下去。

技巧 2：如果比较严重，就需要身边其他人的帮助。身边的人可以站在被噎人的后面，双手交叉环住被噎人的小腹，用力向上按压，可以促使被噎人将噎住的食物排出。

技巧 3：如果情况特别严重，被噎人已经休克无法说话，在急救的同时要赶紧拨打紧急电话，以免急救无效时发生危险。

11. 家具擦拭和清洁时的安全注意事项

技巧 1：家用吸尘器连续使用时间不能超过 1 小时，以免电机发热烧坏从而导致危险。同时吸尘器不能吸液体、黏性物体和金属粉末。

技巧 2：地板砖的吸水性较差，使用的拖布最好拧干，这样能达到较好的擦拭效果，才能防止由于地面水渍过多，使人滑倒受伤。

技巧 3：整理擦拭玻璃、瓷器器皿时一定要轻拿轻放，避免损坏伤人。

技巧 4：在严寒的冬季，不要用热水擦玻璃，以免玻璃炸裂。擦楼房窗户时一定要采取安全保护措施。

技巧 5：擦高处物品时，一定要将凳子或梯子放稳，必要时要有人扶护。

技巧 6：一般的家具都怕潮、怕火、怕磕碰。特别是皮质沙发应防止尖锐物品划碰，以免皮面受损。

技巧 7：擦拭家具时，特别是搬动高档家具时应特别小心，防止碰撞，以免损伤漆皮或边角。

技巧 8：擦拭灯泡、灯管时，擦前要先拔去电源插头，然后用湿抹布擦净尘土即可。如果灯泡上烟熏油污较重，可用食醋或剩茶叶水清洁。注意应使灯泡的金属片保持干燥。

12. 家人触电了怎么办

步骤 1：为了使触电人脱离电路，可用干衣服、干绳子、干木棒、干木板或干的不导电物体作工具将两者分开，不能用金属及湿物件。如触电人衣服是干的，且没紧裹在身上，可以拉他的衣服，但不能触及他的身体，同时也不能触及附近的导电物体。

步骤 2：在救触电人的时候，最好只用一只手。

步骤 3：触电人因发生痉挛将电线紧握手中时，如果直接去掰开他的手，既有危险，也不容易。如人是立在地面上，要使他与地隔离，可在他脚下插入干木板或用干绳子、干衣服套在他脚上将他拉倒。若要将触电人所接触的一般低压线断开，须用干燥的木柄斧子、刀、锯或适当的绝缘工具，同时还要戴橡胶手套或穿橡胶鞋，不可直接接触电线。

13. 家用电器使用安全注意事项

技巧 1：提高绝缘性能。绝缘性能越好，则漏电电流就越小，外壳对地电压就越低。如果电器外壳全部采用绝缘材料制造（包括常用的旋钮等），便可避免人体与金属接触，则更利于保障人身安全。对于含变压器一类的家用电器，若出现“带电”现象时，最简单的办法是调换电源插头两极的插入方向。但对含电热丝和电动机类的家用电器则不适用此法。接触绝缘物可增强隔电能力，如人可站在干燥的木质支架上，使人与大地间有良好的绝缘。

技巧 2：提高设计安全性。①安装温度保险丝。当温度超过限度时，保险丝即会熔化而切断电源。它适用于 80℃～230℃的范围。此外，也可以采用双金属式温控器，将其温度控制调整适当，便可防止温度过高与电热器过热。②应用漏电保护装置。根据实际需要，可设置用电设备的分线漏电保护器及住宅线总漏电保护器，以实现多重保护或分级保护。

14. 如何预防家人食物中毒

技巧 1：养成良好的卫生习惯。饭前便后要洗手。手上容易沾有致病菌，手未洗净时拿东西吃，病菌会随着食物进入消化道，从而引发细菌性食物中毒。

技巧 2：选择新鲜和安全的食品。腐败变质的食品不能买，蔬菜和水果购买时要选择新鲜的，生吃的食品需要清洗干净。有些食品需要加工处理后才能进食，如生牛奶需要消毒。对于零食等食品，要查看其生产日期、保质期，是否有厂名、厂址、生产许可证号等标识。不能买过期食品和没有厂名、厂址的产品，否则一旦出现质量问题则无法追究。

技巧 3：做熟的食品趁热吃。做熟的食品冷却至室温时，微生物便容易繁殖，时间越长，危险性越大。因此，趁热进食刚做熟的食品，可以有效预防食物中毒。

技巧 4：保持厨房清洁卫生。食品极易受污染，微生物无处不在，厨房的食物残渣、碎屑容易滋生微生物。因此厨房需要保持干净卫生。厨房用具要常清洗，且注意不要将一些有毒化学物品带入厨房。

技巧 5：不喝生水，不吃霉变的食物。为保证饮水安全最好喝白开水。霉变的花生、土豆、玉米以及剩饭菜等不要吃，因为其中的真菌毒素会引起中毒。

技巧 6：避免生食与熟食接触。熟食与生食接触时会被污染，这种污染称为交叉污染，两者共用厨房用具时也会产生。交叉污染可能引起微生物繁殖，有患传染病的潜在危险。

技巧 7：熟食储存需精心，再次食用需加热。熟食如果需要储存，要把这些食品放在 60℃以上或 10℃以下的地方，以免微生物迅速生长繁殖到致病水平。储存的熟食再次食用时需要彻底加热，这样可以杀死食物中的微生物。

技巧 8：食品在食用前要彻底清洁。生吃瓜果要洗净。瓜果蔬菜在生长过程中不仅会沾染病菌、病毒、寄生虫卵，还有残留的农药、杀虫剂等，如果不清洗干净，不仅可能染上疾病，还可能造成农药中毒。

15. 发生食物中毒如何家庭自救

步骤 1：如确认中毒者是因食入不良食物导致的中毒，应立即采取催吐、导泻措施排毒，千万不要服用止吐药物。

步骤 2：迅速送中毒者去医院，同时带上剩下的可疑食物协助医院尽快确诊。

步骤 3：保护现场，封存中毒食物或可疑食物，同时尽快向当地卫生行政部门和食品卫生监督检验所报告。

16. 家用汽车儿童安全座椅使用注意事项

技巧 1：安全座椅使用前，应该仔细阅读说明书。安装儿童座椅最好的位置是后座中间，因为研究发现这是最安全的位置。切忌将安全座椅安装在配有安全气囊的座位上。多起意外事故伤害报告显示，因前座气囊不慎爆开，可能造成孩子头颈部严重受伤甚至死亡。

技巧 2：装置安全座椅需要花一点心思和时间，任何松脱都会影响对儿童的保护效果。譬如前向或后向的安全座椅，若是装反则无法达到保护效果。安装座椅时要留意正确的角度，安装后可以尝试着用力摇晃，看看是否稳固。一般左右位移应不超过两指宽度。将孩子固定在座位上后，确认孩子身上绑的安全带没有扭转翻面情形，安全带的松紧以可容下一指才算合格。由于儿童安全座椅可能经常需要拆卸，每次安装的时候都需要家长细心谨慎。

技巧 3：幼童座椅的肩带要穿过胸前到大腿固定，而非卡在腰或肚子上。使用学童座椅时，肩带和腿带要一起系好，才能有保护效果。有些家长，虽然已经为孩子们准备了儿童安全座椅，但久而久之警惕心下降，小孩子虽然坐在安全座椅中但没有系上安全带，使得安全座椅的防护功能尽失。

第三节　交往服务劳动安全知识与技能

1. 被烧伤怎么办

步骤 1：迅速脱离热源，脱去燃烧的衣服或用水浇灭身上的火。可以就地打滚，靠身体压灭火苗，或由他人帮助用身边不易燃烧的材料扑打，或用被子、毯子、大衣等覆盖以隔绝空气灭火。切忌奔跑呼喊，因为奔跑会产生风，使火越烧越旺。

步骤 2：对于小范围的局部烧伤，可以用自来水冲洗或井水浸泡，在可以耐受的前提下，水温越低越好。一方面，可以迅速降温，减少热力向组织深层传导，减轻烧伤深度；另一方面，可以清洁创面，减轻疼痛。

步骤 3：不要给烧伤创面涂有颜色的药物，如红汞、紫药水，以免影响对烧伤程度的观察和判断，也不要将牙膏、油膏等油性物质涂于烧伤创面，以减少创面受污染的机会和降低就医时处理的难度。

步骤 4：如果出现水泡，不要将泡皮撕去，同时要用干净的毛巾、被单等包敷，避免去医院途中受污染。

2. 被烫伤怎么办

步骤 1：不可以立刻包扎伤口，这样容易让伤口恶化，要立刻用清水，最好是冷水浸泡被烫伤的地方。

步骤 2：需要看被烫伤的是什么部位，如果是手背或者胳膊等部位，即便留下伤痕也不会太在意；但如果是烫到了脸部，则需要尽快到医院进行就诊，以免在脸部留下伤疤。

步骤 3：如果只是一点开水烫到了皮肤，那么自己在家处理就好。但如果是大面积地被大量开水烫到，这个时候在家做应急处理后就需要立即到医院就诊，进行专业处理。

步骤 4：在烫伤程度较轻的情况下，可以在医生的指导下购买一些药膏涂抹在受伤处，以缓解被烫伤的症状。

步骤 5：如果有冰块，可以用布裹着冰块冰敷被烫伤的地方，能起到一定的缓解作用。

步骤 6：要尽量多吃一些清淡的饮食，多喝水，不要吃辛辣的食物，以免让自己上火，不利于烫伤创口的愈合。

3. 家庭聚餐安全事项

技巧 1：用固定的餐桌垫代替桌布，以防别人不留意拉到桌布角，导致桌上的东西砸伤或烫伤别人。

技巧 2：不要把暖壶、茶壶这样的东西放在桌子边缘。

技巧 3：不要将热汤放在桌子边缘，要放置于桌子中心，以防有人喝汤时不小心烫伤。

技巧 4：刀叉不要随意摆放，要有顺序放好，以免误伤自己或他人。

技巧 5：吃饭要细嚼慢咽，不要边吃饭边说笑，食物尽量切成小块，避免噎食。

技巧 6：聚会的时候，要避免冲突，不要因为喝酒吃饭的过程中，与家人或者朋友几句话不和就大闹特闹，也不要因与外面的人言语不和就大打出手，做出不理智的行为。

4. 摆放座椅注意事项

技巧 1：以右为尊。通常情况下，主人请客吃饭的时候，要按照“右高左低”的角度来安排大家的座位，一般视右边为上座，左边为下座。主人应该让客人坐在靠右边的位置，然后主人陪坐在左边。

技巧 2：以中间的座位为上座。通常是以中间的座位为上座，然后两侧其他的座位为下座。平常和家里的人吃饭，要让长辈坐在中间的位置上，千万不能妄自尊大，抢先一步坐在中间，那样只会被旁边的人嘲笑。

技巧 3：以面对正门的座位为上座。平时我们在吃饭的时候也可以注意到，被宴请的主要宾客都是坐在面对着正门的位置，这也可以体现出对宴请宾客的尊重；同时在上菜的时候，客人不会因为上菜而弄得手忙脚乱，也不会让主人因此而失了规矩。

技巧 4：不在室内空间摆放易燃可燃材料制作的装饰品，不使用易燃可燃的装饰材料和电器设备，更不应将易燃可燃的装饰材料装饰在座椅上。

5. 遇到家庭暴力怎么办

步骤 1：遭受家庭暴力侵害的儿童，如果具有自我防护的意识和部分能力，应当告知施暴者自己有免受暴力侵害的权利。

步骤 2：如果不能有效制止暴力行为，应当在其他家庭成员的帮助下，迅速离开暴力环境，及时拨打 110 报警电话，或向有关部门、邻居或同学求助。

步骤 3：其他家庭成员或救助者应向有关心理、法律等热线或咨询机构咨询，进一步寻求专业的帮助。

步骤 4：对于造成严重伤害后果的，家庭成员或救助者应当及时配合公安等司法机关，惩治施暴者。

6. 到朋友家做客的注意事项

技巧 1：准时到达。做客的人要准时到达做客地点，不要迟到，以免主人等候，也不要早到，以免主人未做好准备。这是基本礼节。

技巧 2：叩门按铃。到达主人门前，应先擦干净鞋上的泥土，然后按铃或敲门，敲门要把握好力度和节奏，切忌用力敲打或用脚踹门。

技巧 3：进门问候。到达主人家里，不应直接入屋内，除了向主人问候寒暄外，还要同主人的家属及客人打招呼。待主人安排或指定座位后再坐下，同时要注意坐的姿势。

技巧 4：接受茶水。当主人奉茶时，应立即欠身双手相接，并致谢。如果茶水太烫，要等凉凉了再喝，必要时也可以把杯盖揭开，不要一边吹一边喝。把杯盖放到茶几上的时候，盖口朝上。喝茶时要慢慢品饮，不宜啜出声音。主人端上的果品，要等年长者先动手之后，自己再取，果皮果核不要乱扔乱放。

技巧 5：谈话要专心。不要在房间里走来走去，切不可左顾右盼，更不可乱翻东西。

技巧 6：交谈中，努力营造出和谐、融洽的交谈氛围。即使双方观点不同，也没有必要因此和主人发生争执而失礼。在礼貌提出自己观点的同时，对主人的不同意见应表示尊重。做客的目的是表达友谊或者沟通事宜。所以即使主人一时失礼，只要不涉及人格尊严，都应克制，保持客人应有的风度和大度。

技巧 7：辞行的机会。在与主人谈话过程中，如果发现主人心不在焉、长吁短叹、蹙眉皱额或不时看表，来访者应寻找“刹车”的话题并告辞。告辞不应在对方说完一段话后立即提出，可选在两人沉默的时间。如果主人有新客人来访，应同新客人打过招呼之后，尽快告辞，以免妨碍他人。

技巧 8：告辞的方式。准备告辞的时候，应选择在自己说完一段话之后，而不是主人或其他人说完一段话之后。同时，告辞前不应有打哈欠、伸懒腰等举止。起身告退的时候，如果还有其他客人，即使不熟悉，也要遵守“前客让后客”的原则，礼貌地向他们打招呼。如果主人送的话，送上几步后，你可以说“请留步”之类的客套话，主动向主人伸出手相握，以示告别，并请其留步。如果来访的客人很多，自己有事提前离开，就应低声向主人告辞并表示歉意，以免惊动其他客人；如果已被其他客人发现，就应礼貌地致歉和告别。

第四节　其他家务劳动安全知识与技能

1. 室内遇到地震怎么办

步骤 1：抓紧时间紧急避险。如果感觉晃动很轻，说明震源比较远或震级较轻，只需躲在坚实的家具旁边就可以。大地震从开始到震动过程结束，时间不过十几秒到几十秒，因此抓紧时间进行避震最为关键，不要耽误时间。

步骤 2：选择合适的避震空间。室内较安全的避震空间有：承重墙墙根、墙角，有水管和暖气管道的地方等。屋内最不利避震的场所是：没有支撑物的床上；吊顶、吊灯下；周围无支撑的地板上；玻璃（包括镜子）和大窗户旁。

步骤 3：做好自我保护。首先要镇静，选择好躲避处后应蹲下或坐下，脸朝下，额头枕在两臂上；或抓住桌腿等身边牢固的物体，以免震时摔倒或因身体失控移位而受伤。要保护头颈部，低头，用手护住头部或后颈；保护眼睛，低头、闭眼，以防异物伤害；保护口、鼻，有可能时，可用湿毛巾捂住口、鼻，以防吸入灰土、毒气。

步骤 4：震后自救。在这种极不利的环境下，首先要保持呼吸畅通，挪开头部、胸部的杂物，闻到煤气、毒气时，用湿衣服等物捂住口、鼻；避开身体上方不结实的倒塌物和其他容易引起掉落的物体；扩大和稳定生存空间，用砖块、木棍等支撑残垣断壁，以防余震发生后，环境进一步恶化。

步骤 5：设法脱离险境。如果找不到脱离险境的通道，就尽量保存体力，用石块敲击能发出声响的物体，向外发出呼救信号。不要哭喊、急躁和盲目行动，这样会大量消耗精力和体力，尽可能控制自己的情绪或闭目休息，等待救援人员到来。如果受伤，要想法包扎，避免流血过多。

步骤 6：维持生命。如果被埋在废墟下的时间比较长，救援人员未到，或者没有听到呼救信号，就要想办法维持自己的生命。尽量寻找食物和饮用水，并节约使用，必要时自己的尿液也能起到解渴作用。

2. 居家地震被埋压如何自救

技巧 1：如果可能，要挪开压在身上的物品，朝有光亮和空气流动的方向移动，尽快脱离险境。

技巧 2：如果无法逃生，应设法将手脚挣脱出来，挪开压在头部、胸部的物品，清理脸部的碎石、沙土，保证呼吸畅通。闻到煤气、异味或灰尘太大时，应设法用湿衣物等捂住口、鼻。

技巧 3：尽量避开身体上方不稳定的倒塌物、悬挂物或其他危险物。尽可能用砖块、木棍等支撑，以稳定和扩大生存空间。

技巧 4：用石块等物敲击能发出声响的物体，有策略地向外发出呼救信号，等待救援人员的到来。

技巧 5：如果受伤出血，要设法包扎伤口避免流血过多。如果被埋时间较长，要想办法维持自己的生命。

3. 居家如何避免遇到雷击

技巧 1：打雷时，尽可能地关闭各类家用电器，并拔掉电源插头，以防雷电沿电源线入侵，造成火灾或人员触电伤亡。

技巧 2：发生雷电时，应关闭电视机、电脑，更不能使用电视机的室外天线，若雷电一旦击中电视天线，就会沿着电缆线传入室内，损坏电器，威胁人身安全。

技巧 3：打雷时，不要开窗户，不要把头或手伸出户外，更不要用手触摸窗户的金属架，以防受到雷击。

技巧 4：电闪雷鸣时，勿打手机或有线电话，以防雷电沿通信信号入侵，造成人员伤亡。

4. 居家时如何应对火灾

步骤 1：沉着冷静。根据火势实情选择最佳的自救方案，千万不要慌乱。凡火灾幸存者大多没有大呼大叫，而是根据火势、房型，冷静而又迅速地选择最佳自救方案，争取到最好的结果。

步骤 2：防烟堵火。这是非常关键的，当火势尚未蔓延到房间内时，紧闭门窗、堵塞孔隙，防止烟火窜入。若发现门、墙发热，说明大火逼近，这时千万不要开窗、开门，可以用浸湿的棉被等堵封，并不断浇水，同时用折成 8 层的湿毛巾捂住嘴、鼻，一时找不到湿毛巾可以用其他棉织物替代，其除烟率达 60%～100%，可滤去 10%～40% 的一氧化碳。另外，应低首俯身，贴近地面，设法离开火场，以避开处于空气上方的毒烟。

步骤 3：设法脱离险境。底层的居民自然应夺门而出。楼上的住户若楼道火势不大或没有坍塌危险时，可裹上浸湿了的毯子、非塑制的雨衣等，快速冲下楼梯。若楼道被大火封住而无法通过，可顺墙排水管下滑或利用绳子沿阳台逐层跳下。

步骤 4：尽快显示求救信号：发生火灾时，呼叫往往不易被发现，可以用竹竿撑起鲜明衣物，不断摇晃，红色最好，黄色、白色也可以，也可打手电、不断向窗外掷不易伤人的衣服等软物品，或敲击面盆、锅、碗等。

5. 在家遇到雷雨台风天气怎么办

技巧 1：保持消息畅通。注意广播或电视里的天气情况播报，可以准备一个用电池的收音机（及备用电池），以防断电的情况发生。

技巧 2：准备蜡烛和手电筒。储备食物、饮用水、电池和急救用品。

技巧 3：定期收回屋外、阳台上的一切可移动物品，包括玩具、自行车、家具、植物等。将盆栽或其他重物搬离窗户。

技巧 4：台风来临前切勿随意外出，家长应关照自己的孩子，在家时把门窗捆紧拴牢，特别是对铝合金门窗采取防护措施，确保安全。市民出行时请注意远离迎风门窗，不要在大树下躲雨或停留。

技巧 5：检查门窗是否密封。如果风力过强，即便关了窗户雨水仍有可能进入屋内，因此需要准备毛巾和拖把。

技巧 6：如果风力过强，请远离窗户等可能碎裂的物品。

技巧 7：如遇洪水，关闭家中一切电源、水源、煤气。

技巧 8：台风过去后，仍要注意破碎的玻璃、倾倒的树或断落的电线等隐患。

技巧 9：马上关闭门窗，防止大雨及侧雷进入房间。同时，要远离天线、水管、铁丝网、金属门窗等物体，因为这些金属物体在雷雨天有产生感应雷或引进雷电波的危险。

技巧 10：立即停止户外活动，迅速回到室内躲避。走路时要注意观察，尽可能绕过积水严重地段，防止跌入窨井及坑、洞中。不要惊慌、乱跑，以免因出汗散热产生电荷而遭雷击。

技巧 11：如不能马上回到室内，除了用雨衣等雨具避雨外，还可到有防雷设施的场所躲避。如不得已在大树下避雨，要与树干保持 3 米以上距离。

技巧 12：如有雷电袭来，应在低洼地方蹲下，双臂抱膝，双腿靠拢，胸口紧贴膝盖，尽量低下头，以防受到雷击。

6. 电梯发生故障怎么办

步骤 1：按下每层按钮。电梯骤停或突然下坠，尽快按下每一层楼的按钮，如果电梯停下，迅速逃出。

步骤 2：扶稳屈膝站立。电梯急速下坠时，应把背部和头部紧贴电梯内部，屈膝站立，双手贴墙或抓住电梯内的把手，尽量稳住重心。这样可以减缓电梯坠地后产生的冲击力，从而减少对脊椎的伤害。

步骤 3：速报警，保体力。电梯里的氧气量有限，所以不要采取过激行为，如乱蹦乱跳等，可保证在短时间内不会因缺氧而窒息。电梯稳定后，如果打不开门，可用电梯里的电话与外界联系。如果手机有信号，还可拨打 119。此外，也可拍门叫喊，或脱下鞋子用力拍门求救。

校内劳动教育安全指南

第二章

校内劳动是指学生在学校范围内，在教师指导下通过手、脑运用或者利用相应的工具完成力所能及的劳动的行为。校内劳动包括班务劳动、校务劳动和特色项目劳动三大类型。班务劳动是指班级平时的劳动事务，如扫地、打水、擦黑板、清洁门窗等日常性劳动。校务劳动是指学生参加学校组织的劳动活动，如学校校门轮值、校园保洁、美化校园、植树除草等活动。特色项目劳动是指学校根据现有的资源和条件开设的特色劳动教育项目，如陶艺、压花、剪纸、刺绣等手工艺品制作的文化传承项目，或模型、电子作品、机器人的设计与制作等创客项目。

开展校内劳动的关键环节与要素包括：劳动项目的确定；劳动技能的学习；实际岗位演练；总结、反思和交流。实施校内劳动过程中常常要注意各种各样的安全问题，主要包括班务劳动、校务劳动、特色项目劳动以及校内实验室安全。

第一节　班务劳动安全知识与技能

1. 打扫教室时如何预防滑倒

技巧 1：打扫地面时要保持地面的相对干燥，不能用过湿的拖把拖地，应将拖把在盥洗室的水池里拧干。

技巧 2：地面湿滑的情况下应开启风扇来加速地面的干燥，等地面完全干燥之后再进行下一步的清洁工作。

技巧 3：不应拿着未完全拧干的抹布四处行走，以防同学因不慎踩到水渍而滑倒。

技巧 4：不要在教室地面还未完全干透的情况下嬉笑、打闹及奔跑，以防滑倒。

2. 摔倒后的处理技巧

技巧 1：摔倒后，一定不要着急站起来，也别用力按揉，应原地感觉一下自己的伤情，如果意识清醒并且伤势不重，自己便可起来慢慢活动。

技巧 2：之后要检查自己摔伤疼痛的地方，是不是有伤口，是不是流血了。有时摔伤只是淤青了，倒没多大关系，记住要先拿冰毛巾冷敷以减轻水肿，在 48 小时后改用热敷促进水肿和瘀血吸收，热敷可以用热毛巾或热水袋，在热敷的同时可以用红药气雾剂或云南白药喷剂局部喷敷。

技巧 3：如果感到活动困难，这时就应求助同学报告老师，并拨打急救电话。

技巧 4：针对前期已经做过处理的伤口，建议每天都换药，而且最好不要包着，和空气接触比较有助于伤口的愈合，纱布和伤口粘在一起的话可以用过氧化氢和 0.9% 的生理盐水润湿慢慢弄下来，用这两个润湿比较不会疼。

3. 擦黑板时骨折了该如何处理

步骤 1：对骨折的同学不能强行脱衣服，若受伤肢体肿胀严重或活动受限应剪开衣服，尽量避免不必要的搬动。

步骤 2：骨折后发生的肢体弯曲、扭转等畸形不可勉强复原。开放性骨折露出体外的骨端或骨片不要送回伤口以免引起感染。

步骤 3：检查伤口，包扎止血，立即报告老师，向老师说清楚原委。

步骤 4：受伤的同学经过必要的现场处理后，应尽快转送医院。

4. 清洁门窗时扭伤该如何处理

步骤 1：马上停下手头上的工作。

步骤 2：扭伤的部位应尽快处理，早期可用冰袋或用冷水浸泡过的毛巾湿敷肿痛的部位。

步骤 3：不可按压患处，以免造成更严重的后果。

步骤 4：冷敷后可在局部肿胀处涂正骨水或贴消肿止痛膏药来活血化瘀。

步骤 5：尝试活动，若可以，那么扭伤程度并不严重，只需休养一段时间即可；若有困难，需要通知老师，告知老师相关情况，并及时就医。

步骤 6：在扭伤之后，一定要注意休息，不要参加运动。

5. 抹布的正确使用方法

技巧 1：不同的地方准备不同的抹布，清洁窗户准备清洁窗户的抹布，擦黑板用擦黑板的抹布，不可混用。

技巧 2：抹布用完后要及时洗干净，放在通风见光的地方晒干，最好让太阳照晒，这样可以消灭一些细菌。

技巧 3：抹布用完之后要洗手，并且要用肥皂仔细洗净，以免病从口入。

6. 班级日常垃圾的正确处理方法

常识 1：可回收物。可回收物是指适宜回收利用和资源化利用的生活废弃物，如废纸张、废塑料、废玻璃制品、废金属、废织物等。可回收物主要包括：报纸、纸箱、书本、广告单、塑料瓶、塑料玩具、油桶、酒瓶、玻璃杯、易拉罐、旧铁锅、旧衣服、包、旧玩偶、旧数码产品、旧家电。

可回收物投放要求：①轻投轻放；②清洁干燥、避免污染，废纸尽量平整；③立体包装应清空内容物，清洁后压扁投放；④有尖锐边角的，应包裹后投放。

常识 2：有害垃圾。有害垃圾是指对人体健康或者自然环境造成直接或潜在危害的废弃物。有害垃圾主要包括：废电池（充电电池、铅酸电池、镍镉电池、纽扣电池等）、废油漆、消毒剂、荧光灯管、含汞温度计、废药品及其包装物等。

有害垃圾投放要求：①投放时请注意轻放；②易破损的请连带包装或包裹后轻放；③如易挥发，请密封后投放。

常识 3：厨余垃圾。厨余垃圾是指居民日常生活及食品加工、饮食服务、单位供餐等活动中产生的垃圾。厨余垃圾主要包括：丢弃不用的菜叶、剩菜、剩饭、果皮、蛋壳、茶渣、骨头等。

厨余垃圾投放要求：①厨余垃圾应当提供给专业化处理单位进行处理；②严禁将废弃食用油脂（包括地沟油）加工后作为食用油使用；③纯流质的食物垃圾，如牛奶等，应直接倒进下水口；④有包装物的厨余垃圾应将包装物去除后分类投放。

常识 4：其他垃圾。危害较小，但无再次利用价值，如建筑类垃圾，生活类垃圾等，一般采取填埋、焚烧、卫生分解等方法，部分还可以使用生物解决，如放蚯蚓等。其他垃圾主要包括：砖瓦、陶瓷、渣土、卫生间废纸、瓷器碎片等难以回收的废弃物。

其他垃圾投放要求：①采取卫生填埋的方法可有效减少对地下水、地表水、土壤及空气的污染；②难以辨识类别的生活垃圾投入其他垃圾容器内。

技巧 1：提倡个人用塑料袋把垃圾装好放到垃圾桶内。

技巧 2：用簸箕装其他干垃圾，倒入指定的垃圾桶内。

技巧 3：垃圾不能用手拿，要拿扫把扫。

技巧 4：公共垃圾每天一倒，随时保持教室内干净卫生无垃圾。

技巧 5：倒完垃圾之后要洗手，保持卫生。

7. 劳动擦伤的正确处理方式

步骤 1：立马停下手头工作。

步骤 2：观察伤口。洗净双手，保持干净状态处理伤口。

步骤 3：清洗受伤区域。使用干净的毛巾，用温水和抗菌皂小心地擦拭伤口。擦去所有的脏东西和皮屑，可以预防感染。

步骤 4：如果伤口处有异物，或者流血的伤口比较深，可以使用碘酒、过氧化氢或抗菌剂给伤口消毒，以免感染。

步骤 5：在受伤区域使用抗菌药膏。购买抗菌止痛的药膏，然后涂抹到伤口处。

步骤 6：检查伤处，确定是否有更严重的伤口，如割伤或撕裂伤。如果严重，可能需要去看医生。

步骤 7：保持干燥，不要让伤口接触到水，因为潮湿的环境会滋生细菌。如果不小心弄湿了伤口，可以使用棉球擦干皮肤上的水。如果伤口处有液体渗出，不要随手擦掉它，这可能会刺激到伤口。可以将纱布或创可贴取下，让它自然风干。如果渗出的是脓液或血，请立即去看医生。

步骤 8：擦伤的伤口愈合后会结疤，通常会很痒，但是不要去抓或者揭开伤疤，这样不仅会影响愈合的速度，而且会导致感染。

8. 绘制黑板报时油彩弄到衣服上的正确处理方法

当同学们在绘制黑板报时，有的时候需要用到油彩，若油彩弄到衣服上，正确处理方法有以下几点：

技巧 1：彩色衣服干的时候，用彩漂原液和衣领净按

1：2 的比例喷涂污渍处，静置 30 分钟后洗涤。可以根据污渍的处理情况重复操作，也可根据需要延长处理时间，或过夜处理。之后用洗衣液正常洗涤。

技巧 2：用汽油擦拭有油彩的地方，有油彩的地方很快就会被去除，效果很好。

技巧 3：将带有油彩的部分浸入 60℃的热水中，片刻后取出，撒上少量碱粉及等量洗衣粉，反复搓洗，用清水漂洗后再用洗衣粉洗一遍。

9. 清扫教室后如何正确洗手

步骤 1：清洁掌心。打开水龙头，沾湿双手，然后在手掌心上涂抹足够的洗手液，双手五指并拢相互揉搓若干次。

步骤 2：清洁手背。双手五指并拢，左手心覆盖右手背揉搓若干次，然后左右手交换揉搓。

步骤 3：清洁指缝。双手五指分开，双手十指交叉相互揉搓若干次，清洁指缝，此时可以手心相对或手心覆盖手背。

步骤 4：清洁指尖。左手并拢，右手五指握成鹰爪状，在左手心揉搓，清洁指尖细菌，然后左右手交换。

步骤 5：清洁拇指。一只手握住另一只手的拇指搓洗，然后左右手交换搓洗。

步骤 6：清洁手腕。一只手握住另一只手的手腕搓洗，然后左右手交换搓洗。

10. 特殊时期教室如何进行消毒

技巧 1：保持教室卫生清洁，垃圾每日一倒，不可堆积。

技巧 2：每日通风不少于 3 次，每次不少于 30 分钟。

技巧 3：学生打扫卫生时应佩戴口罩。

技巧 4：对门把手、课桌椅、座位等高频接触的物体表面进行消毒，可用有效氯 250～500 毫克 / 升的含氯消毒剂进行擦拭，也可采用消毒湿巾进行擦拭。

技巧 5：学生与学生之间应保持一定距离，避免近距离接触。

第二节　校务劳动安全知识与技能

1. 校务劳动上下楼梯时的安全注意事项

技巧 1：上下楼梯时，应该靠右行走。

技巧 2：要按规定楼梯道通行，不擅自改变路线。

技巧 3：上下楼梯要轻声慢步，不要越级跨越台阶。

技巧 4：要保证楼梯道畅通，不在楼梯处滞留。

技巧 5：要保持楼道安静，不大声喧哗、不相互拥挤推搡，不准在楼梯及走廊上追逐打闹。

技巧 6：不要在楼内从事摸高、压腿、登墙、爬栏杆等活动。

技巧 7：要礼貌谦让，不抢着上下楼梯。

技巧 8：若上下楼梯时前面突然有同学滑倒，后面的同学要保持原地不动，不向前拥挤。

技巧 9：一旦发现危险情况，要保持镇定，无条件地听从教师的安排顺次下楼。

2. 夏季校务劳动如何避免中暑

技巧 1：感觉自己要中暑时多喝水，保持体内有充足的水分，出门注意遮阳，防止阳光暴晒。

技巧 2：在中午温度特别高的时候，避免在野外工作，防止流汗过多，体温过高而中暑。

技巧 3：当发现自己身体不舒适的时候，应立即停止手中的工作或学习，马上报告老师，离开太阳处，到阴凉环境中休息，注意补充水分。

技巧 4：多吃水果，补充维生素，多喝冬瓜汤、海带汤、苦瓜汤之类的降暑食物。

3. 夏季校务劳动如何有效驱蚊

技巧 1：唾液。被蚊子咬了之后，迅速用你的口水（学名唾液）抹上去，很快就能止痒。

技巧 2：肥皂水。用浓肥皂水涂抹可迅速止痒，或用香皂蘸水在红肿处涂抹。

技巧 3：花露水。准备一瓶花露水，出门之前随手放在书包里，当要外出的时候，在皮肤上抹一抹，可有效防止蚊虫叮咬。

技巧 4：多吃碱性蔬菜（如菠菜、油菜、萝卜、辣椒、百合、白菜、木耳、山药、南瓜等）。多吃碱性蔬菜，体质及血液呈微碱性，蚊子不爱叮咬，就算被叮之后，也不至于太痒。

技巧 5：用维生素 B1 水溶液。将 3～5 片维生素 B1 溶解于水中，擦拭暴露在外面的肢体，能驱除蚊虫。

技巧 6：外出时尽量穿长衣长袖，有效防止蚊子近身。

4. 校门轮值的安全注意事项

技巧 1：轮值学生在轮值当天应按时到岗，并佩戴好自己的证件，不可遗失。

技巧 2：见到老师要敬礼并向老师问好。

技巧 3：若有同学换岗，应及时向负责的同学请假，负责的同学要及时将相关情况汇报给老师。

技巧 4：校门轮值应尽量靠门侧站立，防止被车辆撞伤。

技巧 5：执勤时不应奔跑，以防摔伤。

5. 校内交通安全注意事项

技巧 1：走路时不应低头看别的东西，而应该时刻观察四周。

技巧 2：不在路上嬉笑打闹或突然改变路线。

技巧3：骑自行车的同学至校内应该下车推行，不突然猛拐。

6. 校内植树劳动的安全注意事项

技巧1：植树前穿舒适的运动服和运动鞋，并戴好手套。

技巧2：听从教师安排，不拿植树工具互相嬉笑打闹。

技巧3：注意自身安全，规范使用植树工具。

技巧4：爱护环境，不随地扔垃圾，在植树完毕后扔到指定地点。

技巧5：栽培好树苗后，将水一次浇透。

技巧6：活动结束后，带好自己的随身物品，统一返回。

7. 校内除草劳动的安全注意事项

技巧1：外出时穿长袖长裤，带驱蚊液及清凉油，避免被蜇伤。

技巧2：除草的时候分清草皮和杂草，一般长得较贴地、较矮不会长高的是人工草，而向上疯长的大都是杂草。

技巧3：用工具除草的时候不可过分用力，避免伤害自己及他人。

技巧4：当遇到小株杂草时，用手代替工具，避免破坏绿化带。

技巧5：除草过程中不可用手碰脸部等较柔嫩部位，避免细菌入侵而发炎。

技巧 6：除草之后要及时洗手，不能马上吃东西。

8. 如何识别校内体育设施安全隐患

技巧 1：比较尖锐的体育器材，如标枪等，此类器材的摆放混乱，存在安全隐患。

技巧 2：体育器材设施，如单双杠、爬梯等下面需要软化，若只铺了假草坪垫子，使用它们的时候要格外小心。

技巧 3：学校内部运动场地，篮球架底座、排球架底座等边缘应有防撞条，若没有，打球的时候不宜用力过猛。

技巧 4：在使用单杠、双杠这些户外器材时，若遇器械摇晃较为厉害的情况，应立即停止使用，并报告老师。

9. 校园保洁擦玻璃的安全注意事项

技巧 1：擦玻璃时要依次逐面擦拭，不能间隔着擦。

技巧 2：擦玻璃最好两个同学配合来擦，不管是擦教室内的玻璃面还是擦教室外的玻璃面，都要注意自己的人身安全。

技巧 3：如果玻璃位置高需要用到椅子，要把胳膊露在外面擦，而不能把上半身露在外面，防止重心不稳。

技巧 4：用湿抹布擦完玻璃之后，再用干的报纸擦拭一遍，可使玻璃洁净。

技巧 5：擦玻璃不能用力过猛，这样玻璃很容易碎掉，导

致事故发生。

10. 搬运必要的体育器材安全注意事项

技巧 1：体育器材有的时候摆放得杂乱无章，需要整理好再搬出，以防器材遗失。

技巧 2：搬运体育器材时应该轻拿轻放。

技巧 3：搬运体育器材时应该慢慢走，不宜速度过快，以防发生危险。

技巧 4：搬运垫子时，若垫子很久都没有使用过，可先将垫子上的灰尘拍走。

技巧 5：分发器材时，应一组一组地分发，不宜一哄而上，前拥后挤。

第三节　特色项目劳动安全知识与技能

1. 割伤的止血方法

技巧 1：指压止血法。在伤口的上方即近心端，找到搏动的动脉血管，用手指或手掌把血管压迫在骨头上，即可止血。手和前臂出血，可用双手拇指压迫上臂内侧动脉搏动处；脚和小腿出血，可压迫大腿根部的动脉搏动处。

技巧 2：加压止血法。用洁净的纱布、绷带或毛巾等物品填塞伤口，再用绷带或布条、毛巾等在外面加压包扎，即可止血。松紧要适度，止住血即可。

技巧 3：止血带止血法。使用止血带时要掌握好松紧度和时间。

2. 使用尖锐物品如何防止刺伤

技巧 1：左手食指和大拇指上（或右手大拇指和食指上）缠好两层胶带，保护手指。轻轻缠绕，舒适为好。

技巧 2：刺绣、剪纸时注意避开自己和他人的眼睛。

技巧 3：自己用自己的工具，尽可能不要互相借。用完后要放入盒中，注意安全。

技巧 4：养成良好的安全习惯，不得在班级里玩弄针或剪刀。

3. 开水烫伤时该如何处理

步骤 1：将烫伤部位置于冷水中或自来水下轻轻冲洗，直到疼痛停止，无法冲洗或浸泡的部位则冷敷。

步骤 2：当烫伤处有衣物覆盖时，不要着急脱掉衣物，以免撕裂烫伤后的水泡，可先用水冲洗降温，再小心地去掉衣物。

步骤 3：用干净的布块将伤处水分吸干。

步骤 4：用消毒纱布盖住伤处并加以包扎。

步骤 5：视情况报告老师送医治疗。如手脚受伤需抬高伤处，减轻肿胀。

4. 砸伤时该怎么办

步骤 1：自己活动活动，以观察是否有肢体等运动障碍。

步骤 2：确定是否有流血的伤口。若有，应按压止血；若出现瘀血，通知老师，尽快冷敷。

步骤 3：若过了很多天，被磕碰处依旧疼痛，应及时就医。

5. 被木刺刺到该如何处理

步骤 1：尽快将木刺取出。用手指紧紧地捏住木刺，慢慢地取出，即使痛也要取出。

步骤 2：如果伤口过深，可以呼叫老师，借用镊子或者针挑出。镊子或者针可以用酒精消毒后轻轻地挑开伤口，取出完整的木刺。

步骤 3：挤出伤口处的瘀血。伤口处的瘀血可能有毒，所以要将其挤出。

步骤 4：用清水冲洗。用流动的清水对伤口及伤口周边进行认真的冲洗，冲掉残留的瘀血。

步骤 5：先去医务室用酒精或碘酒擦洗进行消毒。进行以上的冲洗后，再用酒精或者碘酒对伤口进行擦洗。

步骤 6：如果伤口红肿，可以用冰块或者冰水进行降温消肿。刺入过深的木刺即使取出了，也要到医院注射破伤风抗毒素，以防万一。

6. 手有水泡时怎么处理

技巧 1：出现了水泡，在很小的情况下完全可以保留，不要做任何特殊处理，直接冷敷就够了。

技巧 2：如果水泡逐渐变大，则要在相对清洁的环境下做一个轻度的引流，可剪小孔、拿针戳孔轻度引流。

技巧 3：如果水泡已经破了，可以用稀释的（一定是稀释的，不然容易导致皮肤色素沉着）碘伏消毒，如果不是易摩擦部位，可以选择暴露伤口，有利于愈合，反之则用无菌纱布覆盖。

7. 使用计算机的安全注意事项

技巧 1：上课前每一位同学先检查自己使用的计算机设备是否有损坏，如发现故障，立即报告任课老师或计算机教室管理员，切勿任意操作，以免造成更大的损害。

技巧 2：严禁故意损坏各项设备。对计算机主机、屏幕、鼠标、键盘、磁盘驱动器等计算机设备应加以爱护，不得任意涂画、敲打、移动、拆装或重新组合。

技巧 3：按照老师的要求使用计算机，不能登录不知名网站或做其他不当操作，这样容易导致计算机沾染病毒。

技巧 4：在使用计算机时，不能携带饮料和食品，以防碎屑或液体落入键盘缝中。

8. 电路模型制作中的安全注意事项

步骤 1：课前听从老师安排，各个元件的功能应牢记。

步骤 2：在操作时，若小灯泡不亮，应该报告老师并更换，不应该自行拆解。

步骤 3：在制作时，不能将线路搞混，以防短路，伤害元件。

步骤 4：当课程结束时，将各个元件放回原位，待老师清点完毕后，方可离开。

9. 机器人制作中的安全注意事项

技巧 1：机器人制作中需要用到金属材料，金属材料的四边都比较尖锐，要小心轻拿，防止划伤。

技巧 2：制作机器人时，需要用到很多工具，要将工具分门别类放好，不能混在一起，避免出错。

技巧 3：利用工具制作机器人时，工具应放置在台面中心位置，不要放在台面边缘，以防掉落砸到脚，引起安全事故。

技巧 4：需要焊接特定机器人时，应听从老师安排使用焊接工具，不能随意操作，以防发生烫伤等事故。

技巧 5：细节处理时，应耐心操作，不能用榔头、锤子等工具野蛮操作，以防碎片飞出导致事故。

10. 残余垃圾的正确处理方法

技巧 1：废弃电池。对于常见的干电池，请直接分散投放到正式的垃圾箱内，且不要集中收集（指合格的碱性电池、锂电池、镍氢电池）。对于有害物质含量高的电池，包括碳锌电池（2005 年之前的廉价干电池）、大部分纽扣电池、镍镉电池（老式充电电池）等，如果学校有废旧电池回收地，请交至此处；如果附近没有废旧电池回收地，且电池数量比较多，可以回家整理出来然后扔到指定投放地；如果没有指定投放地，且电池数量较少，请将它们密封后妥善保管，直到找到回收地为止。

技巧 2：废弃电路板。小型电器的电路板形状各异，含有各种元件，成分也比较复杂，元器件相对较小，因此，此类废弃电路板不便于进行元件和基板的分离，整体具有很高的回收价值。

技巧 3：废弃铁丝。铁丝属于可回收垃圾，铁丝有时很尖锐，所以应包裹后投放。

技巧 4：废弃电线。电线是可回收垃圾，电线有铜的、银的，这两种都是可回收的。应将电线投放进可回收垃圾桶里，并通过分类的清运和回收使之重新变成资源。

第四节　校内实验室安全知识与技能

1. 实验一般操作的安全注意事项

步骤 1：实验课前，应预习实验内容，了解实验目的、原理、步骤以及所需仪器、器材、化学药品。

步骤 2：进入实验室，要服从安排，遵守纪律，令行禁止。不准喧哗打闹、随意更换座位、随意搬动或调换他人的仪器、器材；不准乱丢纸屑、废物，不做与实验无关的事。

步骤 3：实验前，认真听讲，仔细观察老师的演示，明确实验目的、操作要点及注意事项。了解仪器装置的构造、原理及化学药品的性能。不要提前摆弄仪器或做实验。

步骤 4：实验时，必须按照正确的方法和操作步骤进行实验、认真观察、分析，并做好记录。按时完成实验。

步骤 5：切实注意安全，防止触电、中毒、着火、烧伤、割伤、碰伤等事故发生。一旦发生事故，应立即报告老师及时处理。

步骤 6：实验完毕，要做好清洁工作，经老师认可后方可离开实验室。

2. 试管的正确使用方式

技巧 1：装溶液时不超过试管容量的 1/2，加热时溶液不超过试管容量的 1/3。

技巧 2：用滴管往试管内滴加液体时应悬空滴加，不得伸入试管口。

技巧 3：取块状固体要用镊子夹取放至试管口，然后慢慢竖起试管使固体滑入试管底，不能让固体直接坠入，防止试管底破裂。

技巧 4：加热要使用试管夹，试管口不能对着人。加热盛有固体的试管时，管口稍向下，加热液体时管口向上倾斜约 45°。

技巧 5：受热要均匀，以免暴沸或试管炸裂。

技巧 6：加热后不能骤冷，防止试管破裂。

技巧 7：加热时要预热，防止试管骤热而爆裂。

技巧 8：加热时要保持试管外壁没有水珠，防止试管骤然遇冷而爆裂。

技巧 9：加热后不能在试管未冷却至室温时就洗涤试管。

技巧 10：使用试管夹夹取试管时，将试管夹从试管的底部往上套，夹在试管中上部。若将试管长度 3 等分时，则试管夹夹在靠试管口那端的 1/3 以内处为合理。

3. 化学实验中使用有毒物质的注意事项

技巧 1：不要将有毒化学物质和与其不相容的物质放在一起或接触热源。

技巧 2：使用有毒或有害化学物质时，要戴合适的手套，摘手套前要将手套冲洗干净。

技巧 3：不要闻或品尝化学物质。

技巧 4：禁止用嘴吸液。

技巧 5：若对化学物质的危险性不了解，请先仔细阅读物品说明书。

技巧 6：当有毒的烟、气体、蒸气产生时，应立即打开门窗通风。

4. 实验中被灼伤时该如何处理

技巧 1：酸类。被硫酸灼伤的皮肤一般呈黑色；硝酸灼伤呈灰黄色；盐酸灼伤呈黄绿色。皮肤被酸灼伤后立即用大量流动的清水冲洗（皮肤被浓硫酸沾污时切忌先用水冲洗，以免硫酸与水相溶时强烈放热而加重伤势，应先用干抹布吸去浓硫酸，然后再用清水冲洗），彻底冲洗后可用 2%～5% 的碳酸氢钠溶液、淡石灰水或肥皂水进行中和。切忌未经大量流动的清水彻底冲洗就用碱性药物在皮肤上直接中和，这样会加重皮肤的损伤。

技巧 2：碱类。强碱具有强烈的腐蚀性和刺激作用，一旦碱灼伤皮肤，应立即用大量清水冲洗至碱性物质基本消失为止，再用 1% ～2% 的醋酸或 3% 的硼酸溶液进一步冲洗。

技巧 3：溴类。液溴和溴蒸气对皮肤和黏膜具有强烈的刺激性和腐蚀性。液溴与皮肤接触产生疼痛且易造成难以治愈的创伤，严重时会使皮肤溃烂。溴蒸气能引起流泪、咳嗽、头晕、头痛和鼻出血，重者死亡。当溴灼伤皮肤时，先用大量清水冲洗，再用 1 体积氨水（25%）、1 体积松节油和 10 体积乙醇（95%）混合溶液洗涤包扎。

技巧 4：白磷。磷通过皮肤进入机体后，会加速体内排钙，引起骨骼脱钙，并抑制机体氧化过程，造成蛋白质及脂肪代谢障碍。当皮肤被白磷灼伤时，及时脱去污染的衣物，并立即用清水冲洗，再用 2% 的碳酸氢钠溶液浸泡以中和生成之磷酸，然后用 1% 的硫酸铜溶液轻涂伤处以防止皮肤上残存的白磷形成不溶性磷化铜，阻止皮肤吸收白磷，用 0.1% 的高锰酸钾湿敷包扎，不能将创伤面暴露于空气中，不能涂抹油脂类物质。

技巧 5：酚。酚侵入人体后，会分布到全身组织，透入细胞引起周身性中毒症状，直接损害心肌和毛细血管，使心肌变形和坏死。皮肤被酚灼伤时，应立即用 30%～50% 的酒精揩洗数遍，再用大量清水冲洗干净，而后用硫酸钠饱和溶液湿敷 4～6 小时。由于酚用水冲淡 1∶1 或 2∶1 浓度时，在瞬间可使皮肤损伤加重而增加对酚的吸收，故不可用水冲洗污染面。

5. 实验中化学中毒如何应对

技巧 1：呼吸系统中毒。应将中毒的同学立即带离现场，转移到通风良好的地方，让其呼吸新鲜的空气。若中毒的同学休克昏迷，可通知老师给其吸入氧气或做人工呼吸，并迅速送往医院抢救。

技巧 2：消化道中毒。应打 120，立即送往医院抢救。

技巧 3：皮肤受毒物伤害。应立即让受伤同学用大量的清水冲洗皮肤（浓硫酸要用干布擦干），具体处理措施与化学灼伤处理方法类似。

6. 实验室中气体泄漏该如何逃生

技巧 1：可燃性气体（氢气、天然气、沼气、煤气）。实验过程中应该一直开启排风扇，必要时要开门窗通风。但由于达到一定程度的混合气体遇到火花会发生爆炸，所以发生泄漏后不能开关电器，也不能打开排风扇或抽油烟机，避免穿化纤的衣服，动作要轻，跟随老师迅速撤离。

技巧 2：有毒气体（氯气、二氧化氮、硫化氢、一氧化碳等）。同学们应迅速撤离，由实验员老师根据情况打开门窗或排风扇通风。

技巧 3：通常学生在做实验过程中使用药品的浓度和用量是有一定限制的，一般产生有害物质的量不会很多，遇到问题不要慌张，及时撤离，少量吸入一点有害物质不会对身体造成什么损伤，有不舒服时要及时就医。

7. 被大型物体、仪器磕碰到该如何处理

步骤 1：确定是否有流血的伤口。若有，应按压止血；若出现瘀血，应尽快到医务室向老师说明情况并冷敷。

步骤 2：自己活动活动，以观察是否有肢体等运动障碍。

步骤 3：若发现过了很多天，被磕碰处依旧疼痛，应及时就医。

8. 实验中乙炔气瓶使用的安全事项

技巧 1：乙炔气瓶在使用中，如需移动，应装在专用小车上推行。

技巧 2：乙炔气瓶在使用时漆色必须保持完好，不可涂改。

技巧 3：使用时要注意固定，防止倾倒，严禁卧入使用。

技巧 4：禁止敲击、碰撞等粗暴行为。

技巧 5：气瓶使用时不得靠近热源和电气设备。

技巧 6：瓶阀在冬季冻结时，严禁用火烤，要用 40℃以下的温水解冻。

技巧 7：瓶内气体严禁用尽，必须留有余压。

技巧 8：严禁铜、银、汞等及其制品与乙炔接触，与乙炔接触的铜合金具含铜量需得高于 70%。

9. 实验废液处理的正确方法

技巧 1：实验的废液不能随便倒，实验室没有处置能力，要请相关机构进行处理。

技巧 2：无机实验中经常产生大量的废酸液。废酸缸中废酸液可先用耐酸塑料网纱或玻璃纤维过滤，滤液中加碱中和，调 pH 至 6~8 后就可排出。

技巧 3：无机实验中含铬废液量大的是废铬酸洗液。可以用高锰酸钾氧化法使其再生，继续使用。

技巧 4：氰化物是剧毒物质，含氰废液必须认真处理。少量的含氰废液可先加氢氧化钠调 pH>10，再加入几克高锰酸钾使 CN 根氧化分解。量大的含氰废液可用碱性氯化法处理。先用碱调至 pH>10，再加入漂白粉，使 CN 根氧化成氰酸盐，并进一步分解为二氧化碳和氮气。

技巧 5：含汞盐废液应先调 pH 至 8～10，之后加适当过量的硫化钠，而生成硫化汞沉淀，再加硫酸亚铁而生成硫化铁和氢氧化亚铁沉淀，从而吸附硫化汞共同沉淀下来。静置后分离，再离心、过滤，待清液含汞量降到 0.02mg/L 以下可排放。

技巧 6：含重金属离子的废液，最有效和最经济的处理方法是，加碱或硫化钠把重金属离子变成难溶性的氢氧化物或硫化物而沉淀下来，从而过滤分离。

技巧 7：可燃性物质的废液，应置于燃烧炉中燃烧。如果数量很少，可把它装入铁制或瓷制容器，选择室外安全的地方把它燃烧。点火时，取长棒，在其末端扎上沾有油类的破布，或用木片等东西，站在上风方向进行点火燃烧。必须监视至烧完为止。

技巧 8：对难燃烧的物质，可把它与可燃性物质混合燃烧，或者把它喷入配备有助燃器的焚烧炉中燃烧。多氯联苯之类难燃烧的物质在燃烧后，往往会排出一部分还未焚烧净的物质，要加以注意。对含水的高浓度有机类废液，亦能用此法进行焚烧。

技巧 9：对含水的低浓度废液，用与水不相混合的正己烷之类挥发性溶剂进行萃取，分离出溶剂层后，对它进行焚烧。再用吹入空气的方法，将水层中的溶剂吹出。

技巧 10：对形成乳浊液之类的废液，要用焚烧法处理。

10. 校内实验室防火注意事项

技巧 1：操作、倾倒易燃液体，应远离火源。危险性大的，如乙醚或二硫化碳的使用操作，应在通风柜或防护罩内进行，或设蒸汽回收装置。

技巧 2：危险性操作如能喷出火焰、腐蚀性物质、毒物、爆炸物，容器口应对向无人处。开启试剂瓶时，瓶口不得对向人体。如室温过高，应先将瓶体冷却。

技巧 3：黄磷、金属钾、钠、氢化铝锉、氢化钠等自燃物，数量较大时应在防火实验室内操作；对钾、钠进行操作时应防止其与水、卤代烷接触。

技巧 4：久置的有机化合物如醚、共轭烯烃等物质容易吸收空气中的氧，生成易爆的过氧化物，需特殊处理后方可使用。

技巧 5：接触可引起燃爆事故性质的不相容物，如氧化剂与易燃物，不得一起研磨。过氧化钠、钾不得用纸称量。

技巧 6：蒸馏或回流实验中，必须预先放置助沸物（沸石、素瓷片或一端封闭、适宜长度的毛细管等）。严禁向近沸液体中添加助沸物，应先移去热源，待液体冷却后再添加，以免大量液体从瓶口喷出起火。蒸馏较大量易燃液体时，宜用滴液漏斗不断加入，避免使用大蒸馏瓶，以减小燃烧的危险性。当所需馏分蒸出后，应停止蒸馏，防止蒸干后烧瓶烧破而发生事故。

技巧 7：使用易燃溶剂重结晶时，应采用蒸汽浴、液浴或密闭电热板加热，用锥形瓶盛装，不得用烧杯。

技巧 8：设置专用容器收集废液、废物，不得弃入废物缸或下水道，以免引起燃爆事故。如有溅散，应立即用纸巾吸除，并做适当处理。

第三章

校外劳动教育安全指南

校外劳动是指学生在其所在学校之外的场所，在专业组织机构和专业教师的培训指导下，通过综合应用所学的知识和能力，开展主题式或项目式的劳动实践的行为。其包括职业体验劳动、社会服务劳动和基地劳动三大类型。职业体验劳动是指学生在实际工作岗位上或模拟情境中见习、实习，体验职业角色的过程，如学农、学军、学工等职业体验活动。社会服务劳动是指学生在教师的指导下，走出教室，参与社会活动，以自己的劳动满足社会组织或他人的需要，如公益活动、志愿服务、勤工俭学等服务劳动。基地劳动是指学生走出家庭和学校，到专门的校外实践基地有组织、有计划地开展劳动实践的行为。

开展校外劳动的关键环节与要素为：选择或设计体验情境；制订活动计划；实际岗位演练；参与体验劳动过程；总结、反思和交流。在实施校外劳动过程中常常需要注意各种各样的安全问题，主要包括职业体验劳动安全、社会服务劳动安全、基地劳动安全以及校外交通安全。

第一节　职业体验劳动安全知识与技能

1. 校外学农种植应该注意什么

技巧 1：浇水 。必须根据自然的客观条件和植株的客观需要，区别对待。实施正确的浇水，一般还应尽力做到：一看：看盆土干湿，看土壤颜色深浅，看枝叶挺拔还是萎蔫。二摸：摸土质的软硬，摸泥土的松紧。三听：用手指弹敲盆体，听其声音是清脆还是沉闷。四做到：不干不浇，浇要浇透（整盆泥土都要浇湿），同时要做到间干间湿、干干湿湿，切忌盆底下有积水。

技巧 2：花卉施肥 。①施肥前 1～2 天不要浇水，使盆土略干燥，以利肥液吸收。②施肥前要先松土，以利肥液下渗。③肥液要沿盆边施入，避免弄脏枝叶以及根茎，否则易造成肥害。④施肥后次日上午要及时浇水，并适时松土，使盆土通气良好，以利于根系发育。⑤对刚出苗的幼小植株或新上盆、换盆的根系尚未恢复以及根系发育不好的病株，均应暂停施肥。

技巧 3：除草。当田间有草时，尽量早些组织除草。拔草应及时、彻底，尽量清除宿根杂草的根茎，并将杂草清出田间。若使用农具除草时，应注意安全，避免劳动时农具伤害到自己。

技巧 4：安全注意事项。①体验活动期间建议穿舒适的运动服和运动鞋，并且佩戴手套。②活动期间必须服从领队安排和指挥。③注意自身安全，规范使用农具工具，严禁活动过程中嬉戏打闹。④爱护环境，不乱扔垃圾，将垃圾放到指定地点。⑤注意防火，活动现场严禁焚烧物品及荒地。⑥贵重物品自行保管好，不放心应当上交或不携带。⑦活动结束后，带好自己的工具和物品，等领队清查完人数后统一返回。

2. 校外军训意外情况处理技巧

技巧 1：发生中暑。如果出现轻度中暑，应到通风处喝些凉白开休息，并服用防中暑的药物。中暑者出现轻度发烧时，要用冷水浸泡过的毛巾敷擦其头部、腋下和大腿。如果发烧较严重，要用裹着冰块的毛巾敷，并请医生救治。

技巧 2：头晕目眩。军训时，如果感觉头晕、眼花、要晕倒，切忌硬挺着。正确的办法是立即喊报告或拽一下同学的衣角，原地坐下，待眩晕过后再到阴凉地休息一会儿。尽量避免直挺挺地倒下去，以免猝然倒地引发摔伤。

技巧 3：运动损伤。运动损伤的主要原因是：训练水平不够，身体素质差，动作不正确，缺乏自我保护能力；运动前不做准备活动或准备活动不充分，身体状态不佳，缺乏适应环境的训练；教学、竞赛工作组织不当。在军事训练开始前，要进行必要的肢体舒展活动，把身体各部位和关节拉开，训练强度也要循序渐进。原来就有关节损伤的学生在训练中最好戴上护腕或护膝以保护关节，避免发生新的损伤。如果发生扭伤，并出现疼痛和活动受限，要停止训练，特别是不要让受伤的部位继续活动。治疗时可在患部敷上冰袋，用弹力绷带固定，并把患部举到比心脏高的位置，等疼痛感消失或 20 分钟后把冰袋拿掉，用海绵橡胶垫和弹力绷带做加压包扎。千万不要按压、揉压损伤部位，不要进行热敷，必要时送医院处理。

技巧 4：皮肤损伤。皮肤损伤也是军训中常见的现象，在高温下活动，容易导致日光性皮炎和痤疮，如果本身皮肤就有炎症，更需要注意卫生和保护。训练中最好穿棉质的舒适、轻便的衣裤，尽可能让衣服遮住身体的大部分，以防止发生晒伤。训练后要及时把身上的汗擦掉，不要让身上积汗液，这样有利于保护皮肤。

3. 校外军训生活的安全常识

常识 1：军训前，不要在家里吃大鱼大肉。鱼生火肉生痰，内热遇外感，军训时容易感冒发烧。

常识 2：军训前，男生最好理个“板寸”，因为头发长了感觉热，但也不要剃光头。女生最好剪成短发，又好洗，又好梳，又凉快，还好戴军帽。

常识 3：在军训中，每天出门前要认真检查军训服装，如军帽、帽徽、臂章、腰带等，免得集合时才发现物品不齐。

常识 4：军训时的装束一定要合适，腰带要适当紧一点，走起路来会更有精神劲儿。

常识 5：军训时要消耗大量的体力，还会流失很多的水分，所以要注意少量多次补充水分和糖分。但在大雨或大汗淋漓后不要急着喝水，稍微休息一会儿再喝，这样就不会突然加重肠胃负担，对身体造成伤害。

常识 6：注意防晒。出门前 30 分钟就要涂上防晒霜，因为吸收也要有时间。防晒霜最好能随身带，一般是 2 小时就要补涂一次。正确的步骤是先用吸油面纸擦干净脸，再涂防晒霜。不过军训汗出得多，只要教官让休息就可以涂。

常识 7：军训中要讲“坚持再坚持”，但如果实在坚持不下去，一定要休息，不要硬撑。

常识 8：军训时要按时作息。这样才能养精蓄锐，为第二天的训练打下基础。

常识 9：军训时要学会和周围的同学沟通，有困难要学会虚心向同学和老师请教。像穿军装、走军步、站军姿、叠军被等都可以向别人请教，不要不好意思。

常识 10：军训期间，一定要喝凉白开，不喝生水，以免引起肠道传染病。

4. 参加军训打拳靶练习的注意事项

技巧 1：打靶前，双方应当充分活动身体，特别是让腕关节、肩关节、踝关节、腰部活动到位。

技巧 2：打靶者手要缠好绷带或用专用打靶拳套击靶，脚要戴好护踝，以此来保护手腕及踝关节。

技巧 3：持靶者不能扣压靶，要靶随身动，形成一个示靶整体来提高承受力，避免持靶者肩关节受伤。

技巧 4：在打靶练习当中，因为脚靶一般较厚并且打击面大，在实际打靶过程中可用脚靶当拳靶来练习。

技巧 5：持靶者与打靶者先要做一定的适应性练习，特别是双方均为第一次做打靶练习时。在打击沙袋、人形桩、树形靶、千层纸前，打靶者也应做一定时间的适应性击打。

技巧 6：打靶者击打力量应由小到大、速度由慢到快，把握好击打距离，保证击打准确。切忌打靶一开始就全力击打，这样发力过大，如果打击距离不当极易造成手腕、脚踝受伤。

技巧 7：训练强度要因人而异，注意保持每天良好的睡眠和饮食平衡。

5. 参加消防演练如何正确使用灭火器

步骤 1：拔出灭火器上的保险销。

步骤 2：确认是干粉灭火器还是泡沫灭火器。

步骤 3：干粉灭火器，直接对准火苗根部喷射；泡沫灭火器，将灭火器倒置，让两种液体混合产生泡沫对准火苗根部喷射。

6. 参与导游活动的安全注意事项

技巧 1：注意听从导游的安排，记住集合的时间和地点；认清自己所乘坐的车型、车牌号及颜色；不要迟到。

技巧 2：在旅游活动中，为了防止火灾事故的发生，请游客不要携带易燃、易爆物品；不要乱扔烟头和火种；遵守各交通运输部门、酒店等有关安全管理规定及各种法律、法规。

技巧 3：游客乘坐的机、车、船在行驶的途中，若遇交通事故发生时，应听从导游的安排及指挥，不要慌张；发生人员伤害时应尽力施救或自救，同时注意保护现场，避免损失扩大。

技巧 4：游客乘坐飞机旅游时，应带好自己的有效身份证（未满 16 周岁儿童，应带户口本原件，满 16 周岁未办理身份证的游客，允许持派出所出具的原件证明），并注意保管好。

导游发给游客机票时应核对机票上的姓名、往返时间、抵离目的地、航班号是否准确。请注意保管好机票和火车票并配合导游把票收回。

技巧 5：游客在旅游中发生人身或财产意外事故时，按有关机构（如交通运输部门、酒店、保险公司、风景区管理单位）订立的条例或合同规定处理或交由公安部门处理。

技巧 6：游客必须严格遵守国家的法律、法规，尊重旅游途经地区的民俗习惯。

7. 参加交通协管的安全注意事项

技巧 1：了解必要的道路交通安全常识和必要安全基础知识。

技巧 2：在必要的路面协助民警执勤纠违时，注意一言一行、一举一动，还要注意执勤中的着装整洁，举止端庄，做到文明用语，规范用语。

技巧 3：要掌握公安交通管理简单、必要装备的使用和操作规程。

第二节　社会服务劳动安全知识与技能

1. 志愿服务时清洁楼梯的安全常识

常识 1：开灯。在开始清扫之前，应该先把灯打开，一是为了看清作业面的情况；二是为了安全，避免踩空，发生不必要的危险。查看垃圾桶内是否需要更换垃圾袋。

常识 2：放置告示牌。放置“工作进行中”告示牌。

常识 3：拖擦。使用拖把进行拖擦。采取左右拖动的方式，边拖边后退，先拖擦角落，后拖擦中央，倒退横向清洁，可以避免滑倒，保持身体重心。

常识 4：整理。自检合格后收拾工具，应将拖把洗干净，晾干待用，注意个人卫生。

2. 志愿服务中如何正确张贴宣传海报

步骤 1：选择张贴海报的地点，尽量宽敞一点。

步骤 2：量好水平位置，在粘贴时，根据画面方向和粘贴习惯，按照从上到下、从左到右的顺序粘贴。

步骤 3：在两个人的合作下，先将左上角定位于墙上，再慢慢揭开背胶往下粘贴。粘贴时，最好用小毛巾代替手，更容易将画抹平。

3. 做社区家庭防火义务宣传的注意事项

技巧 1：要上好儿童教育课。教育儿童不要玩火。家中的白酒、纸张、窗帘等易燃可燃物品应与火源保持足够的安全距离。

技巧 2：要上好家务劳动课。中小学生参与家务劳动一定要在相关监护人陪同的情况下，才能进行相应的家务劳动，特别是涉及使用炉灶、微波炉和电器设备时。

技巧 3：要上好生活用火课。使用液化气、煤气、天然气时不要离家外出，用完后，应关好开关，不要让小孩儿随意乱动燃气设备，避免气体泄漏。

技巧 4：要上好家电使用课。要宣传彩电、冰箱、洗衣机、微波炉、计算机等家用电器用电安全。

4. 参与餐厅职业体验服务的体验流程

步骤 1：迎客。当迎宾员将顾客领到该区域中时，服务员应微笑点头问好。拉椅让座，根据顾客人数添减餐具，并递上菜单。

步骤 2：点菜。翻开菜单，请顾客阅览，同时介绍本店特色菜、特价菜、新推菜及酒水。在记录顾客所点菜品、酒水时，写清日期、桌号、点餐人数、服务员姓名。顾客点菜完毕，复述点单，以确认顾客所点菜品无误，然后示意顾客稍后待菜品上桌。离开前应提醒顾客注意保管好随身携带的物品以免丢失。

步骤 3：下单。下单核对单据与预算是否一致。如有问题迅速解决。

步骤 4：餐中服务。将顾客所点酒水及一次性餐筷送上餐桌，征求顾客意见，启瓶倒入杯中。巡视自己所管区域顾客的用餐情况，及时补充客人所需，整理台面。上菜报清菜名，划菜核单，征求顾客意见，随时撤下顾客餐桌上的空餐具和用具。服务员有事暂时离开工作区域时，一定要向邻区的服务员打招呼寻求帮助。不要长时间离岗，办事完毕应迅速返回工作区。随时巡查地面和台面卫生，及时清理以保持清洁。顾客离座拉椅，提示顾客带好随身携带的物品，并致欢送词。

步骤 5：收台。餐具应按档码放，不得大餐具摞小餐具，前厅用品和厨房用品分开，使用规定的收台工具将餐具分别送到洗碗间。清整台面垃圾，擦净桌椅，及时摆台以便接下桌顾客。

5. 参与校外勤工俭学的安全注意事项

技巧 1：交通安全隐患。参加校外勤工俭学工作，工作地点多距学校较远，城市交通状况日趋紧张，因此在外出时一定要注意交通安全。

技巧 2：中介安全隐患。由于学生打工的人数越来越多，社会上也随之出现了各种各样的中介组织，这就难免会有一些只以营利为目的的非法中介鱼目混珠。这些中介组织工作来源往往很不可靠，不能给学生提供足够的安全保障，往往在收取学生中介费用后，便撒手不管，或了无踪迹。所以同学们找工作一定要通过正规的中介机构，谨防上当受骗，以免给自己人身财产造成伤害。

技巧 3：工作安全隐患。在许多同学做校外兼职的过程中，侵权现象时有发生，如用人单位不履行协议而让学生做约定外的工作，有些户外工作往往缺乏安全保障等。这一隐患也主要是由同学们没有经过正规的中介组织或者自行联系工作造成的。一旦自身权益受到侵害，往往处于孤立无援的弱势境地。

技巧 4：谨防进入违法分子圈套。有些不法分子利用学生涉世不深、看待问题过于简单的弱点，以各种优厚条件为诱饵骗取学生信任，从而将学生作为其进行违法活动的工具，如非法传销组织或其他非法组织。而一些犯罪分子更是猖獗，以找家教或兼职为名，对学生实施抢劫或其他犯罪活动。

6. 参加敬老院志愿服务的注意事项

技巧 1：不能问老人家的家庭情况与财政收入，除非是其主动说起。但如果老人家说起以前的事感到悲伤时要尽量转移话题。

技巧 2：不能接受老人家赠送的任何财物或太多的食物，也不能随便给老人家食物。

技巧 3：不能随便对老人家做出承诺，一旦做出，必须完成。

技巧 4：对行动不方便，要坐轮椅的老人家，不能自己扶起，一定要请护工，或者请其他志愿者一起帮忙。

技巧 5：与老人家沟通时要友善，关键要笑。说话时可以在老人家耳边说话，让其听得更清楚。耳背比较严重的老人，可以尽量地用身体语言表达。

技巧 6：话题可以从老人家的生活说起，但说话期间不能讲粗言秽语。

技巧 7：尽量坐到每位老人的身边，不要只围着某几个老人聊天，要顾及每位长者。

技巧 8：过程中如果出现突发情况，要尽快告诉领队，不能自己单独处理。

技巧 9：活动过程中注意听领队的指挥，自觉遵守纪律。

7. 参加安全普法宣传中的注意事项

技巧 1：尽量动员更多的人参与安全普法宣传活动。在宣传安全的同时，也要注重生活中安全法律常识的普及。

技巧 2：精心部署，责任到位，进一步完善安全普法宣传教育的领导机构，全面健全法律学习制度。

技巧 3：结合实际，大胆探索。

8. 参加室外马拉松志愿服务的注意事项

技巧 1：在民警的统一组织指挥下，主要维护赛道交通和治安秩序，确保比赛线路畅通和运动员安全，并当好啦啦队，做好其他保障任务。

技巧 2：配合民警管理好警戒线、警戒标志，防止警戒标志被观众移动或挤倒。

技巧 3：协助医务人员做好参赛运动员途中的救助工作。

技巧 4：劝导和阻止行人、车辆横穿赛道。

技巧 5：维护观看群众的秩序，当好啦啦队。

技巧 6：积极主动协助公安机关处理突发事件。

技巧 7：特殊情况的处理办法：①当遇到观众超越警戒线或横穿赛道影响运动员比赛时，应该及时制止。②当遇到沿线两侧楼房上人员向比赛路线抛掷物品时，应立即制止。对不听劝阻的，应立即控制，移送执勤民警查处。③当遇到运动员途中发生摔倒、休克等意外情况时，应立即协同医务人员，将其撤离赛道并协助进行抢救。

9. 参加社区图书馆义务服务的注意事项

技巧 1：熟悉社区图书馆的馆内及周边环境，当有读者提出问题时，能够快速准确地回答。

技巧 2：明确社区图书馆的注意事项，不做违反规定的事情，并能够正确引导读者。

技巧 3：做好自己的分内工作，为读者读书营造一个良好的环境氛围。

第三节　基地劳动安全知识与技能

1. 野外生存时如何辨别方向

技巧 1：利用太阳辨别方向。冬季日出位置是东偏南，日落位置是西偏南；夏季日出位置是东偏北，日落位置是西偏北；春分、秋分前后，日出正东，日落正西。只要有太阳，就可以使用手表来辨别方向。按 24 小时制读出当时的时刻，将小时数除以二，将得到一个时刻数。把手表水平放在手上或者地上，让手表的这个时刻对准太阳所在的方位，这时手表表面 12 点所指的方向是北方，6 点所指的方向是南方。立竿见影，在地上垂直竖立一根竿子，上午影子指向西北，下午影子指向东北，影子最短时是正中午，这时影子指向正北方。

技巧 2：利用地面物体判断方位。独立的大树通常南面枝叶茂盛，树皮光滑，北面树枝稀疏，树皮粗糙。其南面通常青草茂密，北面较潮湿，长有青苔。建筑物和土堆等，北面积雪多、融化慢，而土坑等凹陷地方则相反。中国北方较大的庙宇、宝塔的正门和农村独立房屋的门窗多向南开放。森林中空地的北部边缘青草较茂密。树桩断面的年轮，一般南面间隔大，北面间隔小。在中国北方草原，沙漠地区西北风较多，在草丛附近常形成许多雪龙、沙龙，其头部大、尾部小，头部所指的方向是西北。草原上蒙古包的门多向南开放。

技巧 3：简易指南针制作。反复把一截铁丝（缝衣针）沿着同一方向与丝绸相摩擦，铁丝就会产生磁性，悬挂起来就可以指示北极。它的磁性不会很强，隔一段时间以后，你就需要重新摩擦，来增加它的磁性。用一根绳子将磁针悬挂起来，以便不影响磁针的平衡。但不要用有扭结的绳线，或绞缠在一起的绳线。如果没有绳子将磁针进行悬挂，可以把磁针平放在一小块纸片上，或者放在树皮、草叶上，让它们自由地漂浮在水面上。如果有一节电池，它的电压为 2 伏或者 2 伏以上，利用电流，就可以把金属铁丝磁化。同时也要准备一小截金属线，金属线的外面最好包有绝缘皮。将外面包有绝缘皮的电线绕成线圈，把铁针从线圈中心穿过。如果电线外面没有绝缘胶皮，可以先给铁针外面缠上几层纸，或者一块卡纸。将线圈的两端通上电流，持续至少 5 分钟。还可以使用刀片制作指南针，用薄而平的刮胡刀片来指示方向。因为刀片是由两类金属黏合而成的，在手掌上小心地摩擦刀片，就可以使它带上磁性，然后把它悬吊起来。

2. 基地楼房火灾的逃生技巧

技巧 1：遮住口鼻。资料显示，火灾中被浓烟熏呛致死的人员数目是烧死的 4～5 倍。用毛巾或衣物遮掩口鼻，不但可以减少烟气的吸入，还可以过滤微碳粒，有效防止窒息的发生。

技巧 2：低姿行进。因火势顺空气上升，在贴近地面的空气层中，烟害往往是比较轻的。俯身低姿行走，可以较好地规避烟尘并且可以避免被直接灼伤。

技巧 3：短暂屏气。由于空间狭小密闭，浓烟中一氧化碳的浓度很高。在含有一氧化碳浓度达 1.3% 的空气中，人们呼吸 2～3 次就会失去知觉，呼吸 1～3 分钟就会死亡。所以在冲出火灾现场的瞬间，要屏气。

技巧 4：切忌喊叫。烟雾和火焰会随着人的叫喊被吸入呼吸道，从而导致严重的呼吸道和肺脏损伤。

技巧 5：衣燃勿奔。当你冲出火海时发现衣服着火，此时切勿狂奔乱跑。奔跑等于加速了空气的流通，会引起助燃，使得大火越烧越烈。这时应当脱掉燃烧的衣帽，如来不及可就地翻滚来压灭身上的火。

3. 荒山种树活动的步骤及安全注意事项

步骤 1：挖树坑，树坑直径要比树球的直径大 30 厘米左右。树坑要挖深一点，如果坑周围的土很硬，坑的容积应该更大一些，这样才能保证栽植的树的成活率。

步骤 2：将树放入坑中，扶正，确保苗木垂直向上生长，然后均匀填土，踩实。

步骤 3：加土时把土弄细，不然土壤和根系结合不好，难吸收水分。在加了一半土以后，把树苗向上微提一下，这样能保证树的根全部朝下。并且还要不断把土踩实，不要让土中留有空气，这样才能保证树苗将来能扎根。

步骤 4：在树干周围适当多加一些土，否则一浇水就会形成一个大坑，用土培成一个圆形土坝，便于浇水时水能蓄住。

步骤 5：栽植后立即给树木浇透水，在树根部位缓缓将水倒入，直到水从土面满溢，使土壤吸足水分，才能确保苗木成活。

步骤 6：如有条件可在树周围（离树干有一定距离）铺上一层树叶或草之类的覆盖物，可减少水分蒸发，屏蔽杂草的生长。

技巧 1：在山路上行走时要尽可能地保持良好的视线，视点要远且要尽量看清路面情况和路边环境，要集中精神行走，以防视线不好发生意外。

技巧 2：最好结伴而行，不要单独行动。山上比较荒凉，山路崎岖，当集体活动时，组织者很难顾及每位同学，要学会自我保护。

4. 沙漠徒步穿越活动的安全注意事项

技巧 1：去沙漠之前需要做充足的准备。去沙漠一定不能单独冒险，最好是报一个专业的户外社团，有专门的领队带队。毕竟沙漠里有许多未被人类预知的风险，千万不能拿自己的生命来冒险。

技巧 2：装备上，做好防晒工作，准备好防晒霜、防晒帽、防晒衣等。还要准备手杖（必须带，沙漠里行走遇到松软的沙子，每一步都很吃力）、背包、合适的运动装、运动鞋、舒适的袜子、头巾或口罩（沙漠里风沙大，一定要保护好眼睛、鼻子、耳朵）、沙套等。

技巧 3：食品上，需要带方便携带且不容易变质的干粮，如压缩饼干等，最重要的是带上足量的水。

技巧 4：还应该做一些其他的防护措施。例如，手机或相机注意保护好镜头，防止沙子侵蚀；早晚温差大，注意保暖，带上厚外套；提前看好当地天气预报，适时出行；一定要紧跟团队，保持联系。

5. 野外登山探险的安全注意事项

技巧 1：野外旅行需结伴而行，单独进行野外旅行，存在着许多不确定性，容易发生危险。登山旅游要事先对所登之山进行必要的了解，或寻找向导带领登山，以避免迷失方向。不要到通信不畅通地域探险。

技巧 2：要注意天气。了解所要去区域历年（至少是 10 年内）此段时间内的天气变化情况。

技巧 3：了解同行人是不是志同道合，是否有丰富的相关经验。

技巧 4：要量力而行。没达到国家一级运动员的水平，最好不要轻易登上海拔 6000 米的高度。

技巧 5：对所要去地方的地域情况应该充分了解，并做好各种不测的准备。比方说，登山时要做好遇到塌方、滑坠等情况的紧急预案。

技巧 6：除了要带足常用的药品外，还要带相应的急救药品，要掌握一定的急救方法。

技巧 7：不能自发组织，一定要有相关资质单位带队，以保障安全。

技巧 8：出发前一定要就近联系好相关救援人员，以防出现不测。

技巧 9：徒步健身旅游，应选择好合脚的鞋子。在不平的路面步行时，鞋子的舒适与否关系到脚疲劳的程度。合适步行鞋的特点：脚尖和脚后跟的鞋底强度要适中，应有防滑条纹；试穿时，脚尖最好能自由活动。

技巧 10：在大自然中，受伤或生病的发生率较高，为了以防万一，应随身携带常用药品及急救用品。当发生腹痛或腹泻时，最好不要再吃任何东西，同时要注意身体保暖。腹泻时要注意补充水分，必要时口服补液盐，以防止电解质紊乱。

技巧 11：夏季野外旅行要防止中暑，外出前要准备好凉帽等遮阳用品，携带一些诸如藿香正气水等防暑药品。旅行中要多喝水以保持身体水分。发生中暑情况应在通风阴凉处休息，服用一些随身携带的防暑药品。

技巧 12：野外登山旅游被石头或树枝刮伤、撞击是家常便饭，但撞击到的若是要害部位，就有可能危及生命。若只是手脚轻微碰伤，可用水冷敷或进行止血包扎等紧急处置。但若是骨折或头部受到重创后发生呕吐等情况便有危险，必须尽快送医院救治。

技巧 13：野外旅游野炊时由于不慎而烫伤时，应先用水冷敷，若有自来水，则用自来水缓缓地冲洗患部 10 分钟。如果是不慎将贴身的衣服引燃，同样应先以水冷敷，切不可将衣服立即撕下。待充分冷却之后，再请医生处置。

6. 参观展览馆的安全注意事项

技巧 1：集体参观由负责老师带队，紧跟讲解员；分散参观以小组为单位进行，个人不得独自离队活动。

技巧 2：参观结束，到指定地点集合，各班负责老师清点人数，返回学校。

技巧 3：参观过程中上下楼梯时：①不要因为赶时间而奔跑。②在人多的地方一定要扶好栏杆。③整队下楼时要与同学保持一定距离。④上下楼时不要将手放在兜里。⑤不要在楼梯内弯腰拾东西、系鞋带。⑥上下楼靠右行。

技巧 4：不携带易燃易爆危险品进入展览馆。

技巧 5：自觉维护展览馆消防安全，发现火灾迅速拨打 119 电话报警。

7. 农业基地采摘活动的安全注意事项

技巧 1：需服从工作人员的管理，14 周岁（含）以下儿童由家长看管，不得单独行动和接触剪刀，以免造成不必要的伤害。

技巧 2：采摘时要注意，不得破坏种植的泥土，只能在沟沿、过道上行走。

技巧 3：采摘时，注意剪刀不要伤到自己或他人，人与人之间不要贴得太近，避免碰撞到彼此。

技巧 4：要注意安全，避免枝蔓、棚架、立柱、钢丝、果剪等伤及自身。

技巧 5：请勿在农业基地采摘园内及园区道路上奔跑、追逐、嬉闹，采摘园内禁止吸烟。

技巧 6：请勿进入生产办公区域。

技巧 7：严禁到水域戏水、游泳。

8. 游泳馆游泳活动的安全注意事项

技巧 1：不要打闹。在游泳池岸上或水中打闹，是很危险的，游泳池岸上一般都是湿的，很容易摔伤。如果玩跳水，头部也很容易撞到游泳池底部而受伤。

技巧 2：注意游泳池的深浅。一般来说，游泳池都有深水区和浅水区，而且上面有标注水深。浅水区更多的是为小孩子练习游泳提供的，也为那些水性不好的朋友提供。如果自己水

性不好，就不要到深水区去游玩。

技巧 3：做好热身运动。到游泳池游泳，在下水之前，一定要按照要求做好热身运动，这是防止入水后抽筋的有效方法。至于如何做好热身运动，方法有很多，最主要的是压腿、活动手腕脚腕、先在岸上用水湿湿身等。

技巧 4：注意游泳时间。在游泳的时候，要注意把握好时间，一般来说，每次游泳不要超过 1 小时，时间长了反而会对身体不利。另外，如果刚吃完饭或刚饮完酒，建议不要游泳，因为饱食或酒后游泳会有危险。

技巧 5：了解自己的身体状况。不是所有人都适合参加游泳运动，在游泳前首先要了解自己的身体状况，看自己是否适合游泳。如果本身患有高血压和心脏病，或是有传染性的皮肤病，就不要去游泳池游泳了。等身体状况达到要求了再去游泳。

技巧6：安全知识要牢记。基本上所有的游泳池内，都会有醒目的安全注意事项。在去游泳池游泳的时候，一定要仔细地阅读安全警示牌上的内容，不要以为游泳池管理方配备有专门的安全员，就可以掉以轻心。

9. 公共安全馆体验活动的安全注意事项

技巧1：馆内严禁吸烟和使用明火。

技巧2：严禁携带宠物及危险品（易燃易爆、化学品、管制刀具及其他可能危害展品和人身安全的所有物品）进入场馆。

技巧3：馆内禁止用餐及吃零食。

技巧4：请勿攀爬护栏或在馆内奔跑，以免发生危险。

技巧5：馆内消防设施是保证观众人身安全的重要设施，请勿擅动。

技巧6：爱护馆内设施，杜绝野蛮操作，避免事故发生。

第四节　校外交通安全知识与技能

1. 来回基地途中大巴车着火如何应急逃生

技巧1：用车载灭火器自救。如果火势较小，可选择灭火，如果火势很大，务必马上离开。

技巧 2：利用侧窗。紧急情况下，可用安全锤击碎侧窗玻璃逃生。安全锤一般放在车厢前及中门后的车窗上方，如找不到，可使用一些尖状硬物，如钥匙、手表等，甚至高跟鞋都行。请不要顾虑打碎玻璃时会划伤自己，现在大巴车的车窗都是钢化玻璃，在被打碎后这种玻璃会碎成颗粒状。

技巧 3：利用天窗。大巴车头顶有紧急逃生出口，只是很多时候人们容易把它错认为是通风口。在紧急情况下，旋转车厢顶部逃生窗上的红色开关，打开后可以通过一些身材较小的人。

技巧 4：利用安全阀。大巴车的车门上方配有一个车门开启安全阀，此安全阀在车辆断电、断气的情况下也可以打开车门。离门近的乘客只要将此安全阀旋转，然后手动将门打开，下车即可。

2. 基地外出步行时的安全注意事项

技巧 1：走路要走人行道。没有人行道的地方要靠路边行走。

技巧 2：在横过没有交通信号灯的人行横道时，应当左右看，观察来往车辆的情况，确认安全后再过马路；不得在车辆临近时突然横过或者中途倒退、折返。

技巧 3：过马路时要注意观察交通信号灯的变化。红灯亮时，不能过马路；绿灯亮时，也要看清左右，确定没有车来，才可以过马路；如果马路过了一半时，信号灯变了，要赶快过马路，千万不要惊慌。

技巧 4：不得在车行道内停留、嬉闹；不得有追车等妨碍道路交通安全的行为。

3. 骑自行车时的安全注意事项

技巧 1：要经常检修自行车，保持车况完好，确认车闸、车铃是否灵敏、正常。

技巧 2：骑自行车要在非机动车道上靠右边行驶，不逆行；转弯时不抢行、猛拐，要提前减慢速度，看清四周情况，以明确的手势示意后再转弯。

技巧 3：经过交叉路口，要减速慢行，注意来往的行人、车辆；不闯红灯，遇到红灯要停车等候，待绿灯亮了再继续前行。

技巧 4：骑车时不要双手撒把，不多人并骑，不互相攀扶，不互相追逐、打闹。

技巧 5：骑车时不攀扶机动车辆，不载过重的东西，不骑车带人，不在骑车时戴耳机听音乐或做其他事情。

技巧 6：学习、掌握基本的交通规则知识。

4. 乘坐地铁时的安全注意事项

技巧 1：等候地铁列车时，要站在黄色安全线后，列车进站时不要探头张望。

技巧 2：如果物品落入轨道，不要跳下站台自行捡取，应寻求车站工作人员的帮助。

技巧 3：自觉遵守秩序。出入站时不要拥挤，上下车时先下后上，不要在站内追逐打闹。

技巧 4：当车门的蜂鸣器响起、车门即将关闭时，不要用身体或其他物品挡住车门，强行登车。

技巧 5：上车后要坐好，站立时应紧握吊环或立柱，手或身体勿扶靠屏蔽门。

技巧 6：列车紧急停车或者发生意外情况时不要惊慌，应按照工作人员的指挥有序撤离，不要扒门，不要擅自进入隧道。

技巧 7：要正确、安全地乘地铁站内的扶手电梯，靠右站在黄色线以内，不逆行、不拥挤。

5. 乘坐公共汽车时的安全注意事项

技巧 1：要在车站排队等候，待公共汽车停稳后按顺序上车，先下后上，不要拥堵，要礼让老人及儿童，并主动为老、幼、病、残、弱及抱小孩子的乘客让座。

技巧 2：不携带易燃、易爆及其他危险品上车，以防发生危险。

技巧 3：在车辆行驶过程中，不将身体探出车外，不向车外投掷物品。

技巧 4：不在车上乱吃东西，做文明乘客。

6. 乘坐出租车时的安全注意事项

技巧 1：不能冲到马路中间去拦车。

技巧 2：下车前要带好自己的东西。

技巧 3：下车时要注意后面的车辆和行人，并从右边下车。

技巧 4：下车后如需穿过马路，要从出租车后面通过。

7. 乘坐私家车时的安全注意事项

技巧 1：不要打扰驾驶员开车。

技巧 2：不要去开车门。

技巧 3：不坐副驾驶位置，0～14 岁儿童一般要在后排乘坐儿童安全座椅。

技巧 4：不乱动车内方向盘、排挡杆。

8. 乘船时的安全注意事项

技巧 1：外出旅行，不要乘坐无证船只。

技巧 2：不乘坐超载的船只，这样的船安全没有保证。

技巧 3：上下船要有序排队，不得拥挤、争抢，以免造成挤伤、落水等事故。

技巧 4：天气恶劣时，如遇大风、大浪、浓雾等，应尽量避免乘船。

技巧 5：不在船头、甲板等地打闹、追逐，以防落水。不拥挤在船的一侧，以防船体倾斜，发生事故。

技巧 6：船上的许多设备都与安全有关，不要乱动，以免影响正常航行。

技巧 7：夜间航行，不要用手电筒向水面、岸边乱照，以免引起误会或使驾驶员产生错觉而发生危险。

技巧 8：一旦发生意外，要保持镇静，听从有关人员指挥。

9. 乘坐飞机的安全注意事项

技巧 1：注意时间，最好提前到达机场，不要误机。

技巧 2：将机票和身份证交给相应柜台的机场值机人员，进行值机。

技巧 3：将机票的旅客联登机牌和身份证交给安检员进行检查。

技巧 4：把自己随身携带的物品放入 X 光安检机中进行检查。

技巧 5：在安检门进行检查并通过后，就可以去候机厅候机。

技巧 6：听到登机广播后登机，在飞机上找到自己的座位。

10. 乘坐火车的安全注意事项

技巧 1：选择正规购票渠道：12306 网上订票、95105105 电话订票、火车站或正规代售点窗口购票、车站自动售票机购票。

技巧 2：目前火车票实行实名制，不要相信网上的车票转让信息，防止上当受骗，也不要从别人手里购买有其他人身份证信息的火车票。人、票、证不符时将无法进站乘车，车票作废。

技巧 3：出门的行李不要太零散，最好集中箱包盛放，路途中常用物品（如食品）和贵重物品分开存放，防止遗失。

技巧 4：进站过安检时，看到箱包进入安检机器进口后再前往出口取行李，防止有不法分子浑水摸鱼，从传送带上偷拿财物。

技巧 5：进出站和上下车比较拥挤，小心保管钱包和贵重物品。如果后背包不是太大，最好挂在胸前，钱包不要放在容易被小偷下手的衣服外口袋里。

技巧 6：乘坐硬座时，上车后尽量把行李放在自己座位侧面的行李架上，而不是正上方，这样行李就在自己的视线范围内。

技巧 7：不要一直看自己的贵重物品，让人看出“此地无银三百两”，也不要携带或让别人看到大量现金，提前备好零钱，做到财不外露。

技巧 8：防人之心不可无。一些不法分子利用“老乡”“同行”等借口主动搭讪，或主动赠送食品、饮料等，在你放松警惕时实施诈骗和盗窃，因此注意不要食用陌生人的食物。

技巧 9：不要轻易把你的手机借给别人，或给人翻看，坏人会佯装借手机或欣赏手机，记住你的联系电话，伺机实施诈骗或盗窃。

技巧 10：乘坐硬座时要注意贵重物品的保管；乘坐卧铺时，睡觉前把贵重物品放在身边；乘坐绿车皮火车，车厢窗口可以打开，应听从列车员的安排，注意不要把重要物品放在窗边茶几上。

技巧 11：注意在自己行李旁边翻动的人，注意列车中间停站上下客时行李的安全。

技巧 12：出站时，不要轻易和别人搭讪，到车站指定地点乘坐公交、地铁或出租车。要找正规旅馆或酒店住宿，不要轻信出站口拉客的人。

技巧 13：车上有困难及时找列车乘务人员帮忙。

第五节　校外劳动中要注意的安全问题

1. 校外集体活动走丢怎么办

步骤 1：若有移动设备，待在原地不要走动，拨打 110 报警电话或联系老师；若无移动设备，可在附近的休息站找工作人员帮忙，切勿盲目行动。

步骤 2：打电话向老师或警察说明情况，说明情况时应保证信息的完整，告诉老师或警察自己的大致位置、有什么标志建筑物，以便寻找。

步骤 3：若有陌生人上前搭话并想把你带走，请拒绝并大声呼救。

步骤 4：应保持冷静，不要慌张。

2. 校外集体活动遇到陌生人搭讪时该如何处理

步骤 1：礼貌对待陌生人，当遇到陌生人搭讪时，首先要保持礼貌，说声“你好，请问有什么事吗”。

步骤 2：如果遇到陌生人有什么过分的要求，如询问家庭地址在哪、电话号码是多少等问题，就说“不好意思，我现在有急事”。

步骤 3：若陌生人还是缠着你不放，就说：“我的朋友就在那，我要赶紧回去了。”

步骤 4：如果陌生人想要强行带你离开，不要害怕陌生人，也不要跟陌生人走，要大声呼救并奋力挣扎。

3. 校外集体活动出行的注意事项

技巧 1：看管好自己的随身物品，尽量不要带面额超过 50 元的现金。

技巧 2：跟紧团队，不随便乱跑，不可因为好奇而脱离团队。老师明确规定不能做的不做，不可不听劝阻。

技巧 3：不吃陌生人递过来的食物，不喝陌生人递过来的水等。

技巧 4：注意个人防晒，携带遮阳帽，涂抹防晒霜。

技巧 5：不喝生水，不吃不洁食品。

技巧 6：遇到紧急情况立刻报告老师或警察。

第四章

境外研学旅行是指以中小学生为主体对象，以集体旅行生活为载体，以提升学生素质为教学目的，依托旅游等社会资源，进行体验式教育和研究性学习的一种教育旅游活动。境外研学旅行属于一种新兴的体验式劳动，包括境外知识科普型、自然观赏型、体验考察型、励志拓展型、文化康乐型五大研学类型。境外知识科普型研学，主要包括各种类型的博物馆、科技馆、主题展览、动物园、植物园、历史文化遗产、工业项目、科研场所等方面的教育旅游活动；境外自然观赏型研学，主要包括山川、江、湖、海、草原、沙漠等方面的教育旅游活动；境外体验考察型研学，主要包括农庄、实践基地、夏令营营地或团队拓展基地等方面的教育旅游活动；境外励志拓展型研学，主要包括教育基地、大学校园、国防教育基地、军营等方面的教育旅游活动；境外文化康乐型研学，主要包括各类主题公园、演艺影视城等方面的教育旅游活动。

开展境外劳动的关键环节与要素包括：选择或设计境外国家体验情境；制订出国活动计划；文化交流与研讨；参与体验劳动过程；总结、反思和交流。在实施境外研学旅行过程中常常需要注意各种各样的安全问题，主要包括境外公共卫生、境外公共安全、境外社会安全以及境外研学旅游安全。

第一节　境外公共卫生知识与技能

1. 境外研学中感冒了该怎么办

技巧 1：自我按摩。手根推涌泉穴即脚心，每次 3 分钟，双手交替各 200 次，力度以酸困中透着舒适为准，然后双手擦鼻翼、揉眼球、按眼眶、捏颈、梳理头皮各 1 分钟，最后用手根推涌泉穴及脚心至热极，双手交替各 200 次。做完后喝一杯温开水，盖好被睡一觉，醒后如厕，即刻感觉愈其大半。

技巧 2：泡澡或冲洗热水澡。重点清洗按摩七窍，一面用水冲洗眼、耳、鼻、舌、身，一面按摩五官，尤其应按摩鼻翼、鼻腔，以舒适为度。浴后静坐绝虑 5～10 分钟，其间身体注意保暖，肢躯不要乱动，不讲求姿势，以舒服为准。当机体进入最佳自调状态，全身即会感到舒泰清爽，感冒症状亦会减轻。

技巧 3：因风寒而引起的感冒。点上一份酸辣肚丝汤和椒炒豆芽，快速吃完，促使全身发汗。发汗期间注意保暖，一般一次可痊愈。

技巧 4：喷嚏连连，清涕不断，鼻痒流泪。取优质白醋，将棉球浸透后塞入鼻孔，交替纳入，鼻腔用力吸气，刺激鼻窦、额窦，如此每日 3～5 次，1～2 天可痊愈。

技巧 5：高热不退，面赤咽肿，声浊息粗。用酒精或白酒（也可用冰块），频擦颈部两侧、四肢与胸背及双手足心。成人重点擦脊柱，由上至下将督脉、足太阳膀胱经擦数遍，小儿重点擦肘窝、小臂及大椎穴，每处擦 1 分钟以上，可迅速起到物理降温的效果，从而缓解病情。如果采用刮痧疗法或刺血疗法，则有速泄热邪、解毒症的作用，可以有效地控制病情，减轻痛苦。

2. 境外研学中中暑及同伴昏厥了怎么办

技巧 1：减少室外活动，避免烈日出行。如果要外出，应穿着质地轻薄、宽松和浅色的衣物，并做好防护工作，带好防晒用具，如涂防晒霜、打遮阳伞、戴遮阳帽等。

技巧 2：补充水分，注意补充盐分和矿物质。出汗较多时可适当补充一些盐水，弥补人体因出汗而失去的盐分。另外，炎热天气人体容易缺钾，使人感到倦怠疲乏，可以喝一点含钾的茶水。应避免喝酒精性饮料或含糖量高的饮料，那会使人体失去更多水分。同时，也要避免饮用过凉的冰冻饮料，以免造成胃部痉挛。

技巧 3：要合理安排休息时间。稍有不舒服就在阴凉处休息。注意行进中遮阳及降温，可以用一块湿手巾顶在头上，适度敞开衣服并穿短衣、短裤等。

技巧 4：同行者不慎热昏厥，若意识清醒，应让其慢慢喝一些凉白开，可服用人丹、藿香正气水；若已失去意识，应将其抬至阴凉通风处，让其躺下，解开衣扣、裤带，保持呼吸通畅，充分休息直至症状减缓。

3. 境外研学中如何预防及治疗疟疾

技巧 1：了解疟疾的传播途径和基本症状。疟疾又名“打摆子”，是目前世界上最主要的蚊虫传播疾病，疟疾的特点是发热和流感样症状，包括畏寒、头痛、肌痛和不适。部分疟原虫能在体内“潜伏”，当机体抵抗力降低后，会反复出现症状，延误诊断和治疗甚至会危及生命。

技巧 2：怎么预防疟疾。传染病在于预防，首先要避免蚊虫叮咬，这是主要的预防措施。黄昏后尽量避免户外活动，外出时穿长袖长裤或涂抹驱蚊剂。尽可能少暴露皮肤，衬衫应塞起，裤腿应塞入袜子里；住宿、办公处安置纱门纱窗，睡觉时悬挂蚊帐；消除屋内外积水，保持环境卫生，根除蚊子滋生的可能。

技巧 3：了解疟疾的具体症状。首先会感到发冷，然后是发热，体温可能会超过 40℃，伴有头痛，几个小时后会大汗淋漓，出汗后体温也会恢复正常。这样的症状隔 1～2 天会再发作一次，有时候可能症状不明显，只有发热、头痛、乏力等像感冒一样的症状，因此往往容易漏诊。还有一种恶性疟疾，病情发展很快，如果治疗不及时，很容易昏迷，甚至死亡。90% 以上的疟疾都是恶性疟疾，但治疗疟疾有很好的药物，只要及时治疗、按时服药，就能治好。

技巧 4：如果不慎得了疟疾，要卧床休息，不要劳累，直到高烧退去。一定要多喝水，补充水分，补充蛋白质，如果呕吐，一定要及时输液。应使用快速高效抗疟药，如青蒿素和青蒿琥酯等。出境前备好药物，中国治疗疟疾的药有很多，如桂林南药、青蒿琥酯阿莫地喹片等，在境外药店也可以买到治疗疟疾的药。经过及时、积极的抗疟疾治疗，疟疾病是可以痊愈的。

技巧 5：疟疾康复后半年到一年，不抽烟，不喝酒，不熬夜，女性两年到三年内不可以怀孕。疟疾不是治不好的，只要按时遵医嘱服药，有足够的时间和耐心，休息好，是可以康复的。平时注意保持个人卫生，防止蚊虫叮咬，必要的时候可以使用一些药物来预防疟疾发作。

4. 境外研学中如何预防及治疗霍乱

技巧 1：了解霍乱和其传播途径。霍乱是一种烈性肠道传染疾病，通过食入被霍乱弧菌污染的水或食物而感染，发病特征是水样腹泻，迅速造成脱水，严重者可造成血容量减少性休克。霍乱主要传播途径为霍乱病患者的粪便或吐出物直接或间接污染食物和水，当人们饮用该食物或水时就可能感染霍乱。

技巧 2：怎么预防霍乱。主要预防措施如下：避免食用受到污染的食物，特别是肉类、鱼类及贝类，应该彻底煮熟并趁热食用。水果应该削皮再吃，蔬菜必须煮熟，不吃凉拌菜。饮用煮沸的水或经过氯或碘处理的水，或者桶装饮用水。注意个人卫生，进食前、如厕后要勤洗手。

技巧 3：了解霍乱的基本症状。霍乱的首发症状就是腹泻，且多数是无腹痛的，每天排便十几次，起先还是有些成形的，越往后就成了水样便。患有霍乱会出现呕吐症状，多是在腹泻出现之后发生的，而且跟食物中毒的患者呕吐表现不同，霍乱患者是喷射出来的。等到将胃里的食物呕吐完之后，几乎就都是一些水样物。另外，体液会大量缺失。频繁的吐泻会使人体失掉大量的钾盐、钠盐，出现低血钾、肌肉痉挛，还会出现代谢性酸中毒。由于脑部供血不足、缺氧，患者就会逐渐失去意识，甚至昏迷。

技巧 4：不幸得了霍乱，首先应进行严格的隔离，隔离至症状消失 6 天后，粪便中霍乱弧菌检测连续 3 次为阴性，方可解除隔离。患者用物及排泄物须严格消毒，病区工作人员须严格遵守消毒隔离制度，以防交叉感染。患者要及时补充液体和电解质，轻型患者可口服补液，重型患者需静脉滴注补液，待症状好转后改为口服补液；可以服盐酸小檗碱片、庆大霉素片、肠炎宁、西咪替丁片、复方陈香胃片等治疗，也可以配合中医辨证用中药治疗，服用磺胺甲噁唑、甲氧苄啶等抗菌药控制病原菌。

5. 境外研学中如何预防及治疗登革热

技巧 1：了解登革热和其传播途径。登革热是一种古老的疾病，全年均可发病，气温高而潮湿的地区病例较多，是一种由蚊子传播的急性传染病，主要表现是高热、骨痛、皮疹、淋巴肿大和出血现象，骨关节痛似骨折样，影响活动。登革热主要由伊蚊传播，伊蚊为中小体形，黑色，有银白色斑纹，俗称“花斑蚊”。

技巧 2：怎么预防登革热。主要预防措施如下：隔离传染源，包括感染登革热患者和隐性感染者，需及早到医院就诊，早发现早隔离。切断传播途径，预防伊蚊，伊蚊喜爱在小积水中滋生（花瓶、厨房及浴室的积水），所以要搞好环境卫生，清除积水，填平洼地，防止伊蚊叮咬。避免去丛林、公园等地方，室内定期做好灭蚊措施，在易积水地方喷洒杀蚊剂。保护易感人群，易感人群应劳逸结合，锻炼身体，补充营养，增强体质，外出时涂抹驱蚊剂。

技巧 3：目前没有针对登革热的特效治疗方法。如果不幸得了登革热，首先需要注意卧床休息，多喝水，补充水分，补充营养，做好隔离工作。发热时首先用物理降温，如冷敷等，切勿使用阿司匹林和非甾体类抗炎药（如布洛芬、萘普生）。患者还可能出现消化道症状，需加强护胃、护肝治疗。

6. 境外研学中如何预防及治疗伤寒

技巧 1：了解伤寒及其感染途径。伤寒是由伤寒沙门菌经肠道引起的全身性急性传染病。临床特征为持续性高热、肝脾肿大、玫瑰疹及白细胞减少等，主要并发症为肠出血、肠穿孔。伤寒的传播途径为：伤寒病菌随患者或带菌者的粪便排出，污染水和食物或经手及苍蝇、蟑螂等间接污染水和食物而传播，水源污染是传播本病的重要途径。

技巧 2：认识伤寒的基本症状。通常，伤寒的症状在感染后的 1～3 周显现出来。早期症状包括持续高烧 39～40℃；其他症状包括头痛、全身不适、乏力、胃痛、便秘、腹泻、呕吐以及食欲减退等。有时候会出现大量圆形浅粉色小疹子以及不正常的心跳过缓，心跳次数每分钟不足 60 次。如发高烧并伴有身体不适，需要立即就医。可以联系国家的领事馆，并请他们提供一些医生的名单。

技巧 3：怎么预防伤寒。主要预防措施如下：主要搞好“三管一灭”（管水、管饮食、管粪便，消灭苍蝇），做到饭前便后洗手，不进食生水和不洁食物。要食用完全熟透的热食，因为高温可以杀灭细菌，避免食用生的果蔬以及不带皮的蔬菜。注意饮用水安全，确保饮用水来自干净无污染的地方。确保饮用密封的瓶装水，或者在饮用前将瓶装水煮沸 1 分钟，尽量避免食用任何用水制成的食品。综上所述，预防热带流行病要做到洁身自好，防蚊虫，防传播。水源污染是传播本病的重要途径，注意饮水饮食卫生即可大大降低患病可能。

技巧 4：不幸得了伤寒，应遵医嘱就医，入院后进行隔离治疗。发热期间要卧床休息，退热后 2～3 天可在床上稍坐，退热 2 周后可轻度活动。应多喝水，多吃一些有营养、易消化的饮食，少量多餐，补充大量碳水化合物、蛋白质及各种维生素等，用以补充发热期的消耗，促进恢复。退热后，食欲增加，可逐渐进食稀饭、软饭，忌吃坚硬多渣食物，以免诱发肠出血和肠穿孔。如重症不能进食，可用 5% 的葡萄糖生理盐水静脉滴注补充能量。

技巧 5：积极进行有效治疗。伤寒是能够痊愈的，康复后要注意休息，注意饮食，选有营养、易消化的高蛋白食物进食，如蒸鸡蛋糕、牛奶、肉汤、肉松均可，油炸物要忌食，水果要榨汁食用，宜用流质或细软无渣饮食，少食多餐。应该卧床静养，多喝水，不可用泻药，以免造成肠穿孔，注意环境清洁，勿食不洁或生冷食品。

7. 境外研学中如何预防及治疗红眼病

技巧 1：了解红眼病及其感染途径。红眼病就是急性结膜炎，是一种由细菌或病毒感染而引起的急性传染性眼病，既可通过直接接触患者感染，也可通过接触患者的生活用具感染。其具有发病快、传播速度快、传染性强的特点。主要在老年人和儿童中较为常见，可导致暂时性视力下降，并带有并发症（角膜炎等），能在公共场所中迅速蔓延。

技巧 2：认识红眼病的基本症状。红眼病的主要特征为结膜明显充血，产生脓性或黏膜脓性分泌物。自觉症状常有眼部异物感、烧灼感、发痒、流泪、充血等。体征常有结膜充血和水肿，分泌物增多，结膜下出血，乳头增生，滤泡形成，膜或假膜形成，耳前淋巴结肿大和压痛，等等。

技巧 3：怎么预防红眼病。首先要消灭传染源，境外研学之前做好充分准备，了解当地环境情况，准备消毒剂等装备，对个人用品或公用物品进行消毒处理，饭前便后勤洗手，勤剪指甲，不要随意揉眼。其次是切断传播途径，红眼病多为接触传染，所以在境外研学时，毛巾、手帕等私人物品要与他人分开，并经常清洗或者消毒，患者应该采取隔离措施，要与患者保持一定的距离。另外，要加强锻炼，提高身体抵抗力，尽量不到多风、尘烟的环境去，外出可戴眼镜保护眼睛，以此来预防红眼病。

技巧 4：如果不慎得了红眼病，一定要到当地医院就诊。如分泌物多可用生理盐水、2%～3% 的硼酸溶液或 1∶5000～1∶10000 的升汞（或高锰酸钾）溶液，冲洗结膜囊清除眼眵，不要自行处理，避免交叉感染。治疗以局部点眼药水为主，常用各种抗生素及磺胺眼药水，睡前用抗生素眼药膏。不要遮盖患眼，否则分泌物不易排出，会集存于结膜囊内，温度升高，将促使细菌繁殖，使病情加重。

技巧 5：通过及时积极治疗，红眼病是可以康复的，且愈后不会遗留并发症。治疗及愈后同样要注意饮食清淡，尽量以凉性、寒性或平性食品为主，多吃富含优质蛋白、矿物质、维生素的食品。可服清热解毒的中药（如板蓝根、野菊花、夏枯草、金银花等），需禁烟、忌酒，不喝咖啡、可可，不吃巧克力等，多饮用绿茶。平时要注意日常护理，勤洗手，不和他人共用毛巾，不要用手、衣袖和不干净的手帕拭眼，对毛巾、手帕等个人用品要用开水消毒。敷眼要冷敷，不要用热毛巾。洗澡时自带浴具，游泳时要戴防水眼镜等，以此来更好地预防及治疗红眼病。

8. 境外研学中如何预防传染新冠肺炎

技巧 1：持续关注所在地的疫情变化，配合当地政府开展疫情防控工作。

技巧 2：日常防护要做好。戴口罩，勤洗手，常通风，不出门、不聚集、不扎堆，保持社交距离，加强锻炼，注意营养，做好新冠肺炎的个人防护。

技巧 3：若出现发热、干咳等症状，要在做好个人防护的基础上及时到当地医疗机构就诊，并告知医务人员相关接触史。不要带病工作、学习。

技巧 4：“非必要，不回国”，减少旅途中可能导致的感染风险。如确有回国需求，应评估自身健康状况，患有急性疾病或慢性基础疾病的一定要避免出行。同时，尽量选择直飞航线，减少中转风险，准备足量的口罩、免洗手消毒剂等个人防护用品。

技巧 5：回国后，应主动、如实进行健康申报，配合海关健康检疫和集中隔离医学观察。

9. 境外研学中如何应对特殊疫情隔离

技巧 1：境外研学中要正确理智看待特殊疫情隔离，隔离措施是必需的，应该对隔离措施表示理解支持，应配合属地国政府政策安排，积极应对特殊疫情隔离。

技巧 2：在隔离前保证安全前提下，购买一些必要的生活物资，如食品、消毒剂、药物等以应对特殊疫情隔离。不过不需要囤太多，避免浪费。

技巧 3：从自身做起，特殊时期为了避免不必要的麻烦，尽量待在家里不乱出门。保持良好的心态，让生活回归正常秩序，不要把注意力全放在疫情上，减少自己胡思乱想造成的精神压力，多放松。

技巧 4：清楚自己的健康状况，做好个人防护，养成良好卫生习惯。理解和尊重家人的情绪，带动家人一起保持良好卫生习惯。选择适合室内的运动，进行适量的运动，加强身体锻炼，舒展身心，保持身心健康。

技巧 5：及时关注自己留学国家的政策和信息，便于合理及时安排自己的留学相关事宜。通过合法正规渠道及时与校方做好沟通，确认好相关事宜，以免影响接下来的学习进程，做好每天晚上或凌晨上网课的心理准备。有特殊情况必要时可求助中国驻当地使领馆。

技巧 6：加强学习，提升自己，善待他人。特殊疫情隔离期间可坚持学习，积极学习预防知识和医治措施，可更好地保护自己和家人。对身处困境之中的亲人朋友进行积极暗示，鼓励、支持、肯定他们，相信隔离是科学合理、能最大限度保护自己的解决办法。

技巧 7：控制信息的读取量。少刷新闻，减少因信息过量阅读带来的心理压力和负担，关注事实数据，过滤无用的垃圾信息，保持正确理智的认知思维。

10. 境外研学中如何预防食物中毒

技巧 1：境外研学进行前了解容易中毒的食物，如木耳、蘑菇、豆角等未煮熟不能吃的食物，像生四季豆、发芽土豆等明显容易中毒的食物，以及乌头、水仙等能够引起食物中毒的自然类植物，这些食物都应该尽量避免食用。

技巧 2：境外研学进行时选择食宿场所要严格认真，一定要选择正规经营场所。

技巧 3：要选择新鲜安全的食品，不要吃变质腐烂、过期、没有质量保障的食品。不要吃不新鲜的肉类和海产品，否则会出现海鲜性腹泻或中毒的情况。

技巧 4：食物在食用前要进行彻底的清洁，生吃的蔬菜瓜果要洗干净，需要加热的食物要加热彻底，尽量避免食用剩饭剩菜。

技巧 5：要养成良好的卫生习惯，饭前便后要洗手，保持食宿场所的清洁，加强自身体育锻炼，增强身体免疫能力，以预防食物中毒。

第二节　境外公共安全知识与技能

1. 境外研学中突遇洪水怎么办

步骤 1：突遇山洪暴雨时，首先要保持镇定，即刻撤离。来不及转移或如洪水继续上涨，要就近迅速向山坡、高地、楼房、避洪台等地转移，要尽量往高处走，不要在河边等低洼地逗留。如在外驾车时，不要盲目随意驶向不知水位深浅的地方，避免发生不测。

步骤 2：洪水灌入室内时，要马上拔掉里面的用电设备插头，以免发生漏电，然后立即爬上屋顶、楼房高层、大树、高墙等高的地方暂避。

步骤 3：逃到安全地带后迅速拨打所属国报警电话，反映现场情况，进行求救。另外，要尽快与当地政府防汛部门取得联系，报告自己的方位和险情，积极寻求救援。

步骤 4：观察周围情况，迅速找一些门板、桌椅、木床、大块的泡沫塑料等能漂浮的材料扎成筏做好自救的准备。

步骤 5：如被卷入洪水中，一定要尽可能抓住固定的或能漂浮的东西，抓住一切机会逃生，不可用力挣扎。

步骤 6：洪水过后，要做好各项卫生防疫工作，预防疫病的传播。

2. 境外研学中突遇泥石流怎么办

技巧 1：境外研学前做好预防措施，了解泥石流将至的征兆，调查好当地的地形地势、天气情况。

技巧 2：境外研学中在野外如山谷盆地徒步时，要注意观察周围环境，一旦遭遇大雨，要迅速转移到安全的高地，不要在低处停留。选择平整的高地作为营地，尽可能避开有滚石和大量堆积物的山坡下面，不要在山谷和河沟底部扎营。

技巧 3：当遇到泥石流时，千万不要选择在陡峻的山坡下面或是爬到树上面躲避，可以选择到平整安全的高地进行躲避，以免泥石流压塌冲倒山坡和树木而受到伤害。也不要停留在陡坡土层较厚的低凹处或躲在滚石或乱石堆后。

技巧 4：在山谷中遇到降雨出现泥石流的时候，不要慌，要果断地判断出安全路径逃生，不要顺沟的方向往上游或下游跑，更不要顺着泥石流的方向逃生。可以向与泥石流方向垂直的两边山坡上面爬，且不要停留在凹坡处。

3. 境外研学中突遇山林火灾怎么办

技巧 1：如果火势较小，可以用水浇、土埋、树枝扑打等方法及时扑灭；如果火势已起，无法控制，千万不要逞英雄，一定要马上转移避险，拨打所属国森林火警电话报警。

技巧 2：转移避险时首先要正确判断风向，逆风逃生，如果突然感觉到风停了，别大意，这意味着风向可能发生变化，更要小心。同时，注意远离密集的灌木、草丛，寻找空旷的安全地带（空旷地、河流、道路、荒地、耕地、沼泽、砾石等）。进入安全地带后迅速清除周围可燃物，排除安全隐患。

技巧 3：森林火灾对人造成的伤害主要来自高温、浓烟和一氧化碳。撤离时，附近若有水源，可以使用浸湿的毛巾、衣物、帽子等捂住口鼻，防止烟雾窒息。

技巧 4：撤离时要注意远离危险地形（悬崖、陡坡、山脊、山谷、鞍部山岩突起地、草滩沟等），尽量往火线两翼快速撤离避险。

技巧 5：如果情况紧急无法逃离火场，可以设法进入火烧迹地避险（火烧迹地是指森林中经火烧毁后的土地），并迅速清理火烧迹地内的剩余可燃物，进一步扩大安全范围。或者，就近选择没有可燃物的平地挖一个凹形坑，脱去衣物，在衣服上铺上泥土再盖到身上，卧倒避险，同时，双手曲成环状放于口鼻处帮助呼吸。但千万不可选择低洼地或坑、洞，易沉积烟尘。

技巧 6：如果彻底被大火困住了，要鼓足勇气，选择火苗厚度较薄、火势相对较弱的地带，用衣物护住头部以最快的速度冲越火线，再沿逆风方向逃生。

技巧 7：境外研学时去野外尽量带上火灾逃生绳和逃生面具，以备不时之需。进入林牧区要格外当心，不吸烟、不用火，保护好森林。

4. 境外研学中突遇毒蛇怎么办

技巧 1：了解蛇的习性。蛇容易出现在夏天，一般在闷热欲雨或雨后初晴时会出洞活动。所以，雨前、雨后、洪水过后的时间内要特别注意防蛇，应该避开这样的时间参加户外活动，以此来减少遇到蛇的概率。另外，蛇喜欢出现在隐蔽、潮湿、人迹罕至、杂草丛生、树木繁茂、有枯木树洞的场所，外出研学时应提前做好对目的地的了解，避免到这样的地方去。

技巧 2：遇到蛇时，不要慌张，保持冷静，如果距离蛇的距离相对较远，那么慢慢地往后退开，不要突然移动，不要向其发起攻击，要绕道而行。一定不要发出大的响动，以免惊扰到蛇，增加处境危险。如果被蛇追逐，切记要往山坡上跑，或忽左忽右地转弯跑，一定不能向山下跑或者直跑。

技巧 3：如果距离蛇较近，最好维持静止不动的状态，蛇通常是不会主动发起进攻的，可以观察周围环境，利用周围的树枝作为工具，挥动树枝将蛇赶走，但是不能刻意伤害它，否则很容易受伤。另外，可以将背包或者外套缓缓地移到自己身前，一方面是保护自己，另一方面如果蛇有异动就立刻把背包或者衣服套上去压盖住蛇，捡石头用力砸它。

技巧 4：如果蛇发起进攻，可以用硬的树枝、石头等攻击蛇的腹部，尽量绕到蛇的身后，可以的话，抓它的尾巴然后拼命地甩，蛇很可能会因为脊椎受损而死掉。

技巧 5：如果不小心被蛇咬了，首先要缓缓坐下，减少运动，避免血液循环加速。其次要观察伤口，尽量辨认蛇的类型。如果伤口较浅，只是有些许疼痛，没有麻木肿胀之类的症状，那么咬人的可能是没有毒的蛇，要注意清洗伤口，然后止血包扎，再上医院就诊。如果伤口较深，而且有肿胀麻木、恶心头晕的感觉，那么确认是被毒蛇咬伤的，一定要在咬伤 5 分钟内，将毒血排出。可以切开伤口并吸出毒液，如果没有工具，可用手挤出毒血，或用打火机将粗针消毒刺破伤口放出毒血。放出毒血后，轻轻地用肥皂和水洗伤口。接着及时用鞋带、皮带、布条等物，在伤口接近心脏一端或关节处紧紧绑住，动作要迅速，留一较长的活的结头，便于解开。在咬伤后 2～5 分钟内完成上述动作，避免毒素扩散。外出时可备解蛇毒药片、药粉，遇险时立即服下，并将解蛇毒药粉涂抹在伤口周围，然后迅速去医院。

5. 境外研学中乘船遇险怎么办

技巧 1：保持镇静，远离内部船舱及船只中央区域，尽快上到甲板上，赶往最近的紧急集结区，严格服从船上工作人员的指挥，进行撤离逃生。

技巧 2：注意聆听船上的警报及实时广播，及时得知轮船航行情况。

技巧 3：尽快远离内部船舱区域及船只中部，借助救生器材向水中、救生艇或岸上逃生。

技巧 4：如果没有救生艇，尽快找到一个救生圈或类似的助力漂浮物。做好紧急情况下跳船的准备，如落水后周围有救生艇，要尽快游过去并大声呼救以得到船上人员的救助。在救生艇上依旧保持冷静、服从指挥、等待救援。

技巧 5：如果不慎落水，除非离岸较近，否则不要无目的地游动，以保存体力。如需跳水逃生应尽量选择较低位置，避开水上漂浮物。

6. 境外研学中如何预防高处坠落

技巧 1：去工地参观前要了解高处作业坠落事故的分类情况、原因及特点，以便在研学中对高处作业坠落事故采取预防措施及进行原因分析有所帮助。根据高处作业者工作时所处的部位不同，高处作业坠落事故可分为：临边作业高处坠落事故、洞口作业高处坠落事故、攀登作业高处坠落事故、悬空作业高处坠落事故、操作平台作业高处坠落事故、交叉作业高处坠落事故等。

技巧 2：尽量不到不安全的高处地带进行作业。如必须进行高处作业，要采取周密防护措施，如设置护栏、立网、满铺架板、盖好洞口等。在操作人员下方架设安全网，将坠落人员网住或使用安全带将坠落人员吊住，使坠落者不受伤害。

技巧 3：进行高处作业时，要保证技术措施。作业人员要正确使用防护用具，进入作业场所，必须戴好符合安全标准的安全帽和系好安全带。安全帽系好帽带，防止人员坠落时帽子脱落，失去保护作用。凡在 2 米以上悬空作业人员，必须佩戴合格的安全带。凡无外架防护作业点，必须在离地 4 米高处搭设固定的安全平网，高层施工还应隔四层再安一道固定的安全平网，并同时设一层随墙体逐层上升的安全平网。

技巧 4：在脚手架上、楼层临边、洞口等作业面做好全面防护。严格按照规范和方案要求搭设脚手架，密目网和水平防护需随脚手架的升高及时搭设，密目网四周应封闭严实，水平防护兜网应封闭到建筑结构边。在“五临边”（楼层临边、屋面临边、阳台临边、楼梯边和基坑边）作业前，必须先搭设好防护栏杆，防护栏杆必须在下边设置 18 厘米的踢脚板，并在 0.6 米处设置拦腰杆。根据方案要求在“四口”（楼梯口、预留洞口、通道口、电梯井口）作业时设置防护栏杆，同时洞口要搭设水平防护，水平防护封闭严实。

技巧 5：环境不良的控制措施。合理安排作业工序，尽量减少长时间露天高处作业的时间。尽量减少特殊高处作业，若无法避免时，应采取相应的安全措施。如在雨、霜、雾、雪等天气进行高处作业时，应采取防滑、防冻措施，并及时清除作业面上的水、冰、雪、霜。当遇有恶劣气候时，不得进行露天攀登与悬空高处作业。暴风雪及台风暴雨后，应对高处作业安全设施进行检查，合格后再使用。

技巧 6：加强施工现场安全生产的隐患排查、整改工作，根据有关安全生产的法律法规、规章制度的要求，建立健全企业的安全生产管理制度和安全操作规程，尤其加强安全教育工作，对作业人员进行三级安全教育培训。

7. 境外研学中如何预防湿滑跌倒

技巧 1：出境前，充分了解目的地的环境和天气状况，做好预防措施。减少室外活动，避免阴雨天出行。如果要外出，应穿着简单舒适的衣物，不要穿过长的裤子，以防被自己绊倒。

技巧 2：生病或有身体缺陷者要定期检查视力及听力，佩戴合适的眼镜及助听器；选用合适的助行工具如手杖、三脚架、轮椅等。

技巧 3：境外研学时，要选择光线充足、通道通畅的住所。住所摆设要固定，日常物品摆放在容易拿取的地方，尽量避免弯腰取物；床和床头的轮子要固定好，避免移动；餐板不可置于床尾，避免绊倒他人。室内保持干净整洁，地板不可有水，有水要及时擦干，防止不慎滑倒。

技巧 4：进行室外活动时，要有防范意识，做好防护措施。在湿滑、坚硬、光滑的地面上要穿有很强抓地能力的鞋子，防止脚底打滑，导致摔伤。在湿滑场所，如洗手间、浴室、教室走廊、楼梯等，一定要小心行走，谨慎前行，不要奔跑或相互打闹，避免脚底打滑摔倒。

技巧 5：要加强身体机能锻炼。加强运动，在增加肌肉骨骼柔软度和耐力的同时，也能在滑倒瞬间做出灵活及时的反应，以便更好地保护自己。

8. 境外研学中突遇车祸受伤怎么办

技巧 1：如果自己在车辆上发生车祸后受伤，首先要想办法熄火，然后稳住自己，手要撑住车顶，双脚蹬住仪表台，后背紧贴椅背，使全身固定，避免二次受伤。取下身上及周围尖锐物品，以免伤到自己，如果没法解开安全带，可用锋利物品割断安全带。打开车窗，如果车窗出现故障，可用尖锐物锤打车窗玻璃一角，敲碎玻璃后逃出车辆外。

技巧 2：检查自己的伤势，无论伤势如何，都要想办法报警，不要私下和解。如果伤势严重无法自己报警，就尽量向路人求救。另外，要用手机拍下现场，保留现场证据。

技巧 3：无论受伤程度如何，都要进行医疗检查。发生了车祸，有些伤可能不会立刻显现出来，包括头部、颈部的伤，可能需要检查之后才能知晓。

技巧 4：车祸发生后，要谨慎说话，不要跟任何人讲车祸发生的细节，除了你的律师。不要说“对不起”“是我的错”，车祸双方都可能有过失，不要把过失全部揽到自己身上。也不要急于跟警察说没事，否则警察可能就会在报告上写下你没有受伤，对自己很不利。

技巧 5：保存所有的证据。保存好证据有利于将来打官司。如果有好心的目击者把电话留给你，要赶紧记下，把目击证人的名字告诉警察。尽可能多地拿到对方司机的信息，问出他的名字、地址、保险公司。

技巧 6：自己不要跟对方司机签任何协议，也不要跟保险公司签任何协议，除非你的律师在场。不要因小失大，因为你能获得的赔偿可能远远超过你自己想象的数额。

9. 境外研学中突遇宾馆火灾怎么办

步骤 1：用毛巾口罩捂住口鼻，匍匐撤离。穿过烟火封锁区时，可向头部、身上浇冷水或用湿毛巾、湿棉被、湿毯子等将头和身体裹好，再冲出去。

步骤 2：如果身上着了火，不可跑动或用手拍打，这样形成风势会促旺火势，应尽快脱掉衣服或就地打滚，压灭火苗，若跳进水中或使用灭火器效果更好。

步骤 3：如果是高层、多层公共建筑，一般都设有高空缓降器或救生绳。如果没有这些设备，安全通道又被堵，迅速利用身边的绳索或床单、窗帘、衣服等自制简易救生绳，并用水打湿，从窗台或阳台沿绳缓慢滑到下层或地面。

步骤 4：如果门窗都无法逃出，可采取创造避难场所的办法。关紧迎火的门窗，打开背火的门窗，用湿毛巾、湿抹布塞堵门缝，或用水浸湿棉被蒙上门窗，然后不停地用水淋透房间，固守房内等待救援。

步骤 5：呼救时尽量在阳台、窗口等易于被人发现和避免烟火近身的地方。白天可以向窗外挥动鲜艳衣物，或抛出轻型晃眼的东西，晚上可以用手电筒不停在窗口挥动或者敲击东西，引起救援者的注意。

第三节　境外社会安全知识与技能

1. 境外研学中遭遇爆炸恐怖事件怎么办

技巧 1：就近隐蔽或卧倒。卧倒时要俯卧，上体和头部远离爆炸物，护住身体重要部位。

技巧 2：就近寻找灭火器灭火，火势较大无法灭火时，用随身携带的口罩、手帕或衣角捂住口鼻；若在密闭空间内烟味太呛，可用矿泉水、饮料等润湿布块，防止吸入烟雾和毒气引发窒息。

技巧 3：如果发生大量人员慌乱撤离，老弱妇孺尽量溜边靠墙，防止被挤倒后踩伤；人员拥挤时，用一只手紧握另一只手腕，双肘撑开平放胸前，微微弯腰，形成一定的空间，保证呼吸顺畅，以免窒息晕倒；若被挤倒，应设法让身体靠近墙根或其他支撑物，把身子蜷缩成球状，双手紧扣置于颈后，保护身体的重要部位和器官。

技巧 4：有能力的人员应协助抢救伤员，止血包扎固定。

搬运伤员时应注意使脊柱损伤病人保持水平位置，以防止因移位而发生截瘫。

2. 境外研学中遇暴恐分子持砍刀攻击怎么办

技巧 1：攻击路线通常为上下劈砍或斜下方劈砍，以右手持刀为例，运行路线为右上至左下，防范重点是躲至左前方向下位置、向后退、近身或俯身抱腿，再趁其重心不稳将其推倒。

技巧 2：青壮年可用衣物在体前做左右迅速挥动，干扰暴徒袭击，尽量往凶器上缠绕，争取把刀棍弹落。

技巧 3：伺机反击时，可用拳击打对手咽部、鼻部，或者用手戳其眼部，用硬质物品（如矿泉水或者手包）击打效果更好。

技巧 4：当砍刀将要落下，又无处躲避时，可以两手屈臂护头，迎面主动迅速贴近袭击者（越贴近袭击者，越能避开刀棍锋芒），设法与其缠抱在一起，用肩部顶住暴徒腋下，使其不能发力，也可下潜（越低越好）抱住暴徒双腿用力回拉，出其不意将其摔倒。无法贴近暴徒时，可略向后退一步，等刀棍袭击落空后尚未发起第二次袭击时，迅速屈臂护头，迎面贴近袭击者，与其纠缠在一起，纠缠得越紧越有可能化解危机。

3. 境外研学中遭遇暴恐分子驾车冲闯人群密集场所怎么办

技巧 1：如果在广场上，可迅速向较粗壮树木、水泥墩、乒乓球台、石桌石凳、建筑物后躲避；如果在集市上，可向展台后、铺位后、农用车后、商品后躲避，但是不能紧贴在后面，以防车辆撞击后产生冲击力。

技巧 2：切忌往路灯杆后、玻璃橱窗后躲避，以防撞倒撞碎造成二次伤害。

技巧 3：如果没有可躲藏的地方，切记不要背对汽车逃窜，因为人的双脚跑不过汽车轮子。正确方法是，面向或侧对来袭汽车，连续地向左或向右快速跑动。

技巧 4：当汽车冲撞你时，连续做“之”字形或“O”形跑动，可迫使袭击者驾车不停地快速转向，增加袭击难度，有利于摆脱纠缠。

技巧 5：车辆冲撞时可把随身携带的物品，如衣服、鸡蛋、面粉等砸向对方前挡玻璃，干扰对方视线，减少伤害。如果没有十分必要，尽量不去人群密集区，特别是没有设置车辆隔离带的人群密集区域。

4. 境外研学中遭遇化学性恐怖袭击怎么办

技巧 1：如果在人群相对密集的公共场合，闻到一种特殊异味并感到皮肤有烧蚀感、眼睛受到刺激流泪等异常情况，就要意识到可能碰上有毒有害气体，可能为化学性恐怖袭击。

技巧 2：当意识到是遭遇化学性恐怖袭击时，要向上风方向跑，要最大限度减少在污染区内滞留的时间。

技巧 3：如果在密闭的空间中，要迅速卧倒，因为毒气分子一般要比空气轻，所以人在相对低的位置受到的伤害会更小。

技巧 4：呼吸道防护。如果没有专业防毒面具，可以就近采取简易防护措施，用衣服、毛巾等捂住口鼻处可以在一定程度上降低伤害，用水将这些衣物蘸湿防护效果会更好。如果身边没有水源，可以用自身尿液将物品打湿进行迅速防护。

技巧 5：皮肤防护。如果没有制式防毒衣，可以利用简易器材进行防护。若通过染毒地域时，可穿雨靴对腿部进行防护，也可套塑料包装袋，捆扎塑料布、帆布或毯子等用品进行防护。若通过染毒的丛林时，可利用雨衣、油布等用品对全身进行防护。橡胶手套、皮手套和棉手套可以作为简易的手部防护器材，但医用手套、塑料薄膜质地的不能使用。

技巧 6：眼部防护。如果没有专业防毒面具，可以用塑料薄膜贴在眼部，也有一定的防护作用。

5. 境外研学中被人跟踪时怎么办

技巧 1：要预防这种事情的发生。在陌生的地方要提高警惕，随时注意观察身边的行人。

技巧 2：在察觉到被人跟踪了以后，不要惊慌失措，要保持镇静，迅速观察环境。不要回头看，要装作若无其事的样子，想办法甩开坏人并求救，可以的话停下来打电话与亲友联系，情况紧急要立刻拨打当地报警电话报警。

技巧 3：如来不及跑开，或前路不通，可以迅速观察周围情况，寻找一切可以利用的物品作为武器；或者选择有利自己的位置站定，与坏人正面相视，厉声喝问对方，用自己的气势压住对方，再争取时间想其他办法逃脱。

技巧 4：不要走在人少的地方，要快速走到商店、超市等人多的地方；或就近向警察机关报案。

技巧 5：如果遇到有人好像跟着你在后面走，那么迅速拿出包里的任何东西，然后大声呼叫，跑为上策。

技巧 6：若在阴暗的巷道内，可以踢或摇路旁停放的车辆，使其警报器大响，或大喊失火以引起他人注意。

6. 境外研学中遭遇不法分子绑架时怎么办

技巧 1：保持冷静，不要反抗，应尽量避免与绑匪直视，更不能有言语冲突，可以先表现出顺从、听话的样子，勿流露出有逃跑企图的举动和意向。

技巧 2：尽可能保留和隐藏自己的通信工具，及时把手机改为静音，适时用短信等方式向警方求救。求救时尽量说清自己所在位置、人质人数及恐怖分子人数。

技巧 3：尽量让自己的情绪保持稳定，冷静思考对策，观察周围环境，看是否有逃脱的可能。

技巧 4：可用当地语言与绑匪沟通、拉家常，按当地风俗习惯与之交谈降低其警惕性。适时向绑匪提出要求人道主义待遇，索要饮水、食物及药品等。

技巧 5：如警方发起突击，应立即趴在地上，在警方掩护下伺机逃离，脱离危险。

7. 境外研学中遭遇政治动荡时怎么办

技巧 1：出境前，充分了解目的地的安全形势，谨慎或避免前往恐怖袭击频发、政局动荡不稳或发生重大疫情的国家和地区。可通过登录中国领事服务网，微信关注外交部“领事直通车”，微博关注外交部“领事之声”等方式留意和了解安全提醒。

技巧 2：在境外遭遇该地政治动荡时，应该立即与就近的中国驻该国使领馆取得联系以获得最新相关信息并进行注册登记。如您家人在国外与您失去联系，请您立即与中国驻当地使领馆取得联系，以获得最新相关信息，并提供您家人详细的个人信息和联系方式等，以便使领馆协助查找。使领馆将在必要及可能时协助中国公民（含死伤人员）撤离危险区域（不一定回国）。

技巧 3：妥善保管自己的重要证件和文件，包括护照、出入境记录、保险和银行记录等。检查护照、签证是否有效，如需更新护照请立即到使领馆办理。

技巧 4：将存放家中或随身携带的重要证件和资料双备份，以防万一。同时要保证自己驾驶的汽车安全及行驶正常，并储备必要的食品和药品。

技巧 5：不要消极等待，若有安全方式离开，应立即行动。

8. 境外研学中在公共场所遭遇抢劫怎么办

技巧 1：当遭遇抢劫时，要保持冷静，想办法让自己恢复理智，不可过于慌乱，大喊大叫，否则会激怒歹徒，导致自己陷入更大的危机。

技巧 2：应与歹徒进行机智的周旋，可以与他进行交谈，不要过于害怕，不要轻易冒险与歹徒搏斗。可先按劫匪的吩咐办，主动将自己的钱财交出以保证人身安全。

技巧 3：观察周围环境，在确信自己能够逃脱的情况下，快速往人多的地方跑，观察周围有没有能给予救援的人，在确保自己安全的情况下大声呼救。

技巧 4：如果环境不允许求救，抢劫一般图财、不害命，可以先把钱给他，以保证不伤害自己，要冷静对待，分析眼前形势，观察周边环境和歹徒的意图，快速思考对策，不要用生命做无谓抵抗，不要反抗或有其他激怒歹徒的行为。

技巧 5：当遭遇抢劫后，不要慌张也不要追歹徒，要注意记住歹徒的外貌特征，如伤疤、口音、身高、容貌、衣着、随身携带的物品等。在脱离危险后立即去当地警局报案，讲清楚发生意外的时间、地点，犯罪分子的特征、人数、逃离方向等，以便更好地协助警方破案，将歹徒抓获。

技巧 6：当身份证、信用卡等被抢劫后，要及时告知家人朋友自己的境遇，联系购买保险的保险公司。如果卡被抢劫，则要紧急挂失，冻结支付软件，减少损失。

9. 境外研学时在人群密集场所遭遇枪战怎么办

技巧 1：就地卧倒，不要顾及场地干净与否。卧倒后适当观察一下地形，如有可能快速移动到掩体后面。

技巧 2：选择躲避地域和掩体。如果你恰好在警匪对战的中间地带，切忌乱跑乱窜。最好是趴着别动直到枪战结束。墙体隔断较多的街巷或建筑都是很好的躲避地域，钢筋混凝土的水泥墙和普通砖墙都能很好地阻挡子弹。

技巧 3：可选的掩体包括：墙体、立柱、大树干、汽车前部发动机和轮胎（但油箱被击中可能会发生爆炸）。不可选的掩体包括：灌木丛、小树干、消防栓、路灯杆、垃圾桶、木桶、油桶、玻璃门窗附近（碎玻璃杀伤力不次于枪弹）、汽车门和尾部、假山和观赏石（容易跳弹）。

10. 境外研学时在公共场所发现“疑似爆炸物”怎么办

技巧 1：向附近工作人员或使用附近的报警器报警，不要就近使用无线电通信工具，以免引爆受无线电遥控的爆炸物。

技巧 2：不要轻易翻动可疑物品，在专业处置人员尚未赶到之前，可根据爆炸物的情况和位置紧急处置。如果怀疑爆炸物为遥控装置，可利用铁皮罩、铁桶、金属盆、铁锅等罩住进行物理隔离（地铁上都有专门的防爆装置）。如果为导火索起爆的爆炸物，未点燃时应尽快疏散人群，如果已点燃并外露时，应脸朝下且头部背向爆炸物就地卧倒，或尽量选择安全位置躲避。如果是可疑包裹，不要在他人周围开拆，要交由专业人员处理。

技巧 3：如果时间允许，不要围观迅速撤离，在专业人员进行排爆作业时，应处在警戒区之外。爆炸物处于露天情况下，警戒区的最小半径为：炸药量在 9～20 公斤的汽车炸弹为 300 米；炸药量在 3～10 公斤的行李炸弹为 200 米；炸药量在 3 公斤以下的爆炸装置为 100 米；期刊信件等微型爆炸装置为 10 米。

第四节　境外研学旅游安全知识与技能

1. 境外研学旅游时在地铁上遭遇恐怖袭击劫持怎么办

技巧 1：尝试下地铁、走隧道，直到发现有通往地面的紧急出口，再爬出地面，但要防范触电危险。如果地铁中途停在隧道内，不要急于破窗下车，以免造成其他伤害。

技巧 2：如果不是彻底安全，在地铁遭袭后不应短时间内再次搭乘，恐怖分子常常会在短时间内针对同一目标进行二次袭击，以此来加剧公众恐慌。

技巧 3：如果恐怖分子持枪袭击，尽快找掩体，否则就加速 S 形跑，降低被击中概率。

技巧 4：如果恐怖分子扔的是手雷，在它爆炸前（一般为 2～4 秒内）找到掩体，如桌椅，注意保护好头部。如果没有掩体，就倒地远离它，尽量缩成一团且将重要器官背对它，双手捂住耳朵，可以减少被炸伤面积。

技巧 5：如果遭遇自杀式袭击，观察对方手中武器开关的位置。如果你无法躲开，尽量把他变成你的人肉盾牌。假如对方手中拿的是引爆装置，先控制他这只手，然后用右腿猛击他的右膝盖后方，使其惯性倒下，你也顺势倒下，让他垫在你的身上。如果他穿着防弹背心，那他身体爆炸后仍能成为你的一层防弹衣，这样尽管你会受伤，但有很大可能保命。

2. 境外研学旅游时在飞机上遭遇恐怖袭击劫持怎么办

技巧 1：乘机过程中注意观察周围环境，如果发现有乘客形迹可疑，要保持冷静，然后向机组人员秘密报告，不要焦躁失措，让呼吸、心跳尽量平稳，保持镇静。

技巧 2：在飞机上遭遇袭击，要伺机寻找身边工具。将杂志和报纸塞进衣服里，尤其是前胸部，能阻挡袭击者锋利的刀锋。揉成尖角的报纸杂志封面，可以刺进袭击者的鼻孔、喉结或者猛击他的后脑，力度大的话足以致其昏迷。装满饮料的瓶子、钢笔笔尖、钥匙、高跟鞋、安全带都可以作为武器。座椅底下的救生衣可以偷偷拿出来，它对付刀刺的效果不错。如果条件允许，还能用救生衣的带子在过道上设置路障，绊倒袭击者。

技巧 3：恐怖分子往往有同伙，通常在开始袭击时不露面，混在乘客中。当第一批袭击者被制服后，他们往往会跳出来开枪。这时要尽快趴下，等他们打完子弹后瞬间出击，否则他们可能会拿出第二种武器或者装新弹夹。

技巧 4：冷静观察，辨认出谁是恐怖分子、劫机者的头目，评估他们的武器、位置、力量，策划阻止他们的行动。不要自己走到机舱后部，否则可能会被劫持或杀死。如果有机会抢到枪，记住，最重要的不是开枪，而是瞄准。

3. 境外研学旅游时在公交车上遭遇持械袭击怎么办

技巧 1：在公交车上遭遇持械袭击时，首先要迅速低头隐蔽于前排座椅后或蹲下、趴下，不要站立。

技巧 2：在情况不明时，不要下车。可用脚踹暴徒膝窝处，用手从后面抓住其头发，或者用手肘暴击其太阳穴，与人协力控制暴徒的上肢。

技巧 3：下车疏散时，沿着枪击相反方向，利用车体做掩护快速撤离，切记不要向路中间逃跑，防止被过往车辆二次伤害。

技巧 4：及时拨打当地报警电话报警，说明大概位置、几路车、哪一站、哪个方向的枪击、来自车外还是来自车内、是否有人受伤等。

4. 境外研学旅游时遭遇盗窃怎么办

技巧 1：当遭遇现金、旅游支票被盗窃时，应立即向当地警察报案，虽然不能保证能够找回失物，但是能得到一张报警回执，可以向旅游保险公司要求索赔。

技巧 2：当遭遇信用卡或是借记卡被盗窃时，应立即拨打银行紧急电话，要求更换银行卡。一些银行可以免费更换卡，或可以通过卡支付方案网络如百事通、维萨或是美国运通领取现金。

技巧 3：当遭遇身份证件盗窃时，报警之后要立即找到最近的大使馆，然后通过面试或国内传真来的身份证复印件来证明你的身份。

技巧 4：在去旅游之前，应当熟悉保险政策，钱被偷之后应立即联系保险公司，很多保险公司会要求地方当局在 24 小时之内提供证据。

技巧 5：复制你的文件和银行卡信息，保存在你的邮箱里，这样不管你在哪儿，都可以获得这些信息。

技巧 6：藏少量现金，以备不时之需。写下银行的紧急救助电话，熟悉更换银行卡的流程，通知银行你在国外旅游的时间。

5. 境外研学旅游时遇到凶猛动物怎么办

技巧 1：在野外遇到危险动物的概率是很小的，但也要做好防范措施。首先，要提前做好计划，了解目的地的情况，尽量避免到有危险动物的地方去。其次，在境外时要注意观察周围的环境，特别是在野外，要注意观察周围是否有动物的脚印，提高警惕及防范意识。可制造声响，通常危险动物是不愿与人类接触的，听到声响它们会离开。如果在外过夜，要在安全的地方生火，赶跑动物。如不幸与兽类相遇，一定要保持冷静，观察形势，不可轻举妄动。

技巧 2：遇到凶猛动物——老虎。当我们在野外或者在动物园遇到老虎跑出时，首先要做到的是不能跑。过大的动作会刺激到老虎，千万不能弯腰或蹲下，让它以为你要攻击它，它也会还击的。站在原地不动以后，要用最凶恶冷静的眼神直盯着老虎的眼睛，因为老虎擅长偷袭。如果它进一步逼近的话，伸开胳膊，尽量显得自己很大很强壮，不要流露出任何害怕的表现。如果手上有棍子，可用棍子击打类似金属桶的东西，发出响声吓退老虎。

技巧3：遇到凶猛动物——熊。当我们在野外或者在动物园遇到熊时，如果是幼熊，即使你觉得它非常可爱也请迅速远离，因为充满保护欲的可怕母熊可能就在附近。当它看到自己的幼崽在和陌生生物玩耍时一定会误解，并且会毫不犹豫使尽全力去攻击你来保护幼崽。万一遇到熊了，直接躺下来装死并不是最佳的策略。你应该冷静下来并尽量保持安静，尽量减少它"受到威胁"的感觉，在不惊动它的情况下缓缓地离开。如果熊已经准备发动攻击，记得用防熊喷雾顽强抵抗，并用石块瞄准击打它的鼻子。

技巧4：遇到凶猛动物——狮子，当我们在野外时，若想避免被狮子及其他大型猫科类动物攻击，要从鞋子上系个铃铛开始。其他任何能发出噪声的小物件也能让这类大型动物跟你保持距离，从而保你平安。尽量避免与它对视，如果不幸和它面对面了，记得保持直立，大喊大叫，张开双臂甩着衣服像自己有一对翅膀。总之，要装作高大威猛，骗过去就行。如果演技太烂并没有唬住它，那么也千万别哭号着狂奔，逃跑只会激起它追逐猎物的本能。如果它不后退甚至还准备攻击你，那么拿起石块砸它或者用辣椒水使劲喷它，在反抗中试着保护好你的脖子和喉咙。

技巧5：遇到凶猛动物——狼。如果意外碰到了狼，你的首要任务就是避免和它有眼神接触，也不要露出自己的牙齿，因为对狼这类动物来说，露牙加上眼神接触即是挑衅的信号。你应该把身体稍微蜷缩起来，慢慢倒退但切记不要背对着它。一旦它开始眼睛闪光发出呜咽声准备攻击，你就应该直挺起来，充满气势带有攻击性地大吼，这可能并不会让它放弃攻击，但至少能让它退后和你保持距离。如果你们是一群人，那么千万不要落单，而要集合在一起。有条件点火就点起火把，并保护好自己的脖子和喉咙。如果它发起攻击一定要全力反抗，手握成拳攻击它的喉咙。

6. 境外研学旅游时在轮船上遭遇恐怖袭击劫持怎么办

技巧 1：注意观察周围环境。境外研学旅游时要留心观察周围情况，特别是在陌生环境中千万不能放松警惕，如在轮船上发现形迹可疑的人，要秘密报告给轮船上的工作人员，及时做好防范措施。如有可能，也可以联系当地警察和相关政府，及时报告可疑情况。

技巧 2：避免引起恐怖分子注意。在轮船上遭遇恐怖袭击劫持时，尽量不与恐怖分子对视、对话，趴在地上，动作要缓慢。尽可能保留和隐藏自己的通信工具，及时把手机改为静音，适时用短信等方式向警方求救。千万不能跳船，要相信警察，跳船只会增加危险概率。

技巧 3：保持沉着冷静。若轮船遭遇恐怖袭击劫持，要尽量保持平静，避免刺激劫船者。不盲目跟人乱跑乱撞。若与劫船者建立沟通交流时要提供合理的合作，不要过度反抗，不要因贪恋钱财而丢了生命，劫持者可能只是想要钱财。

技巧 4：要注意记住恐怖分子的外貌特征，如体貌特征、衣着打扮等，记住在轮船上遭遇恐怖袭击劫持发生的地点、时间、伤亡人数、后果等，在脱离危险后立即去当地警局报案，报告这些重要的内容，以便更好地协助警方破案，将歹徒抓获。

技巧 5：获救后撤离时，要听从相关人员的指挥，保持镇静，及时撤离，不要贪恋财物，重返危险境地；要保护好自身，注意规避危险，不要逆着人流前进，以避免被推倒在地；要积极配合当地相关部门做好后续工作。

7. 境外研学旅游时如何预防购物诈骗

技巧 1：在境外研学旅游之前做好充分准备。出境前，应该提前做好研学计划，包括对当地购物渠道、购物方式方法、支付方式等都要有所了解，对当地消费水平、住宿场所、路线、出租车的基本费用等也应该有所了解。只有自己准备充分，心中有一个基本概念，才不会让骗子有机可乘。

技巧 2：不要相信任何形式的“免费”，如免费机票、门票等。免费机票是一种常见的购物诈骗，在购票时，要认真辨识购票页面信息，不要轻易点开及转发不明链接；免费门票也是一种常见的购物诈骗，在研学旅游时应注意门票名称中是否有明显拼写错误或者有无官方标志等，不要贪图便宜或免费，否则将会带来更大的损失。

技巧 3：不要轻易相信虚假预订诈骗。据统计，每年有很多游客成为虚假预订网站的受害者，给游客和行业带来数百万元的损失。在境外研学旅游前，应该按照计划提前预订住宿场所、购票，选择值得信赖的在线旅行社、购物平台等，以此来预防购物诈骗。

技巧 4：不要轻易流露自己的购物想法。在境外研学旅游时，如果你想要购买一些产品，在购物时，遇到主动上前推销的商家，不要表现出很感兴趣的样子，也不要随便触摸商品，可以避免很多不必要的麻烦。

技巧 5：其他需要注意的情况。境外研学旅游外出时，如打车时，应事先与司机谈好车费后再上车，并在抵达目的地后再付车费；搭乘打表的出租车，留意司机是否乱绕路，是不是前往预定的目的地等。外出注意穿着打扮，若是独自外出尽量穿低调、颜色不太显眼的衣服，避免引起骗子的注意，陷入骗局。外出办事时，不要在人群密集处停留，不要相信赌局，很多人群密集处的赌局大多是骗局。出境前准备一些零钱，以免找钱时收到假钞。在旅游购物之前，要自己先算好钱再付款，不要让店员自行算钱，很多店员会因为游客不懂当地货币而少找零或多算钱。

技巧 6：要时刻提高警惕和增强自身的防范意识。不要轻易相信“便宜”或“免费”的事，不要轻易相信主动的人，购物时要注意观察周围环境是否有可疑情况。若不慎遭到购物诈骗，一定要求助当地政府和警察或者联系大使馆，追回损失。

8. 境外研学旅游时如何预防网上诈骗

技巧 1：在出境前与家人朋友做好约定，需要钱财交易时一定要通过电话确认。仔细甄别，严加防范，凡是收到此类带有网址链接的不明信息，请勿轻易点击，必要时可电话联系发送短信的朋友进行核实，以免个人信息被窃。

技巧 2：不要贪图便宜。网上诈骗常以高额商品减价、特殊渠道进货、网络游戏玩家中奖、短期促销活动、兼职，虚构身份编织谎言等为手段，利用高科技网络技术，采用银行汇款、破解密码账号等方式，向网民进行诈骗。我们不应该在网上购买非正当渠道产品，如毕业证书、考题答案等，因为网上非正当渠道的链接容易携带手机木马病毒等，一不小心就会被不法分子盗取网上银行账号、密码。

技巧 3：在安全的环境中使用较安全的支付手段。境外研学旅游时，要使用比较安全的支付工具；不要随便扫描各种来历不明的二维码，不要随意在陌生的场合刷信用卡、银行卡；在刷卡过程中注意观察周围是否有可疑情况，避免刷卡时密码被窃取；尽量不要在网吧等公共场所使用网上电子商务服务等。

技巧 4：避免随便点开不明链接。境外研学旅游时，不要随便点开社交媒体链接或以收件箱为目标的链接。当收到电子邮件等不明链接时，不应该点击或提供任何信息。

技巧 5：提高自我保护意识。境外研学旅游时，要提高警惕，注意妥善保管自己的个人信息，不要轻信以各种名义要求你先付款的信息，不向他人透露本人证件号码、账号、密码等，不要轻易把自己的银行卡借给他人。另外，要定期更改常用旅客账户密码，以确保个人信息安全可靠，确保里程信息不会丢失。

技巧 6：如果不慎受到网上诈骗，一定要及时止损，在第一时间联系银行冻结账户，并选择尽快报警。可求助当地政府和警方，诈骗数额巨大的，可以判处三年以上十年以下有期徒刑，并处罚金，具体量刑看情节，报警越早，就能越快追回钱财，减少损失。

9. 境外研学旅游时如何避免物品丢失

技巧 1：妥善保管个人物品。境外研学旅游时要妥善保管好个人物品，尤其是钱包、证件、银行卡等重要物品，不要把所有证件都放在一起，最好分开放置。在人群密集处，要更加留意周围的情况，随身携带的包不要离身，贵重物品尽可能分层分类放到包中，可以使用贴身式的腰包，把包背在前面，放在自己的视线范围内，避免小偷轻易得手。

技巧 2：不要轻信主动帮忙的“好心人”。独身在境外时遇到主动帮忙的人，常常会放松警惕。在需要拍照留念时，当有人主动上前帮忙拍照要拒绝，因为他很可能会拿走你的拍照工具，或是旁边有同伙会趁机偷走你的其他物品。在机场、车站可能会遇到“好心人”主动帮你提行李，此时应该要注意不要让行李离开自己身边，否则可能会被“好心人”偷走物品或索取小费。

技巧 3：避免拖运行李丢失。境外研学旅游时可能需要托运大件行李，为避免行李丢失，应该在自己的行李上做好标记，同时要写上名字、联系方式、学校地址等，要记住自己行李的特征、颜色及尺寸等以便领取。如果出现行李拿错或被盗、行李不见了的情况时，不要慌乱，赶紧找航站人员帮忙，拿着行李牌及机票去失物招领处登记。

技巧 4：留意周围环境，提高警觉。租车自驾时选择正规店，不要图省钱，也不要图方便将行李单独放在车内，要购买盗抢险。在酒店旅社住宿场所不要把包内所有的物品都拿出来，最好还是放在包里面，也不要将自己的物品到处放置，以免在离开时遗忘而导致物品丢失。不要轻易相信在街头遇到的警察，海外国家仍有假警察在街头出没，他们可能会让你出示护照证件检查或以各种理由盘查，再提出签证不符等问题而罚钱、没收现金或物品。

技巧 5：如果不慎将物品丢失了，一定要拨打当地报警电话报警，如果语言不通可以请当地人帮忙。可拨打当地大使馆电话，或者拨打全球领事保护电话“0086–10–12308”，求助人工服务；也可登录当地使馆的网站，查看详细说明。

技巧 6：在出境前做好充分准备，如行李归置、旅行险盗抢险的购买等，在遇到意外时一些保险可以获得相应的理赔；另外，最好准备几张护照的电子照片以及本人的免冠白底电子照片，以备不时之需。

10. 境外研学旅游时语言不通如何求救

技巧 1：首先要防止语言不通的情况发生。在境外研学旅游之前，学习一些当地基本的日常用语，如基本的问候用语、常见的询问语句、简单的求救用语等短语和句子，方便在陌生的环境中更好地与人交流，也能够防患于未然。

技巧 2：学习使用智慧型电子产品。学习使用智慧型电子产品，如手机、计算机等，充分发挥它们的优势。现代电子产品是智能化的，在境外研学旅游时可以使用其翻译功能，能帮助进行很多日常会话，当然也能备不时之需。例如，安全 Mi–Fi，可快速实现 SOS（硬件按 3 秒）快速救援，同时上传救援位置信息，便于救援人员快速定位，实现智能化的安全管理与自救。

技巧 3：了解基本求救信号。了解一些基本的求救信号，如 SOS、求救电话等。出境前，详细了解当地的求助电话。在境外遇到紧急情况时，中国公民可拨打 12308（外交部全球领事保护与服务应急呼叫中心）求助。在国外，一般情况下要拨打“0086-10-12308”。如在国外遇到人身安全受侵害等紧急情况拨通号码后可以按“0”再按“9”直接转人工服务。

技巧 4：求助于当地的中国大使馆。遇到语言不通发生意外情况找不到翻译时，可首先想办法求助于当地的中国大使馆。出境前，购买旅游保险，在境外遭遇意外时，可获得及时必要的救助，也可以通过旅行社找一些当地的接待社团，向会中文的人员求助。

技巧 5：语言不通时其他求救措施。出境前提前购买一些求救物品，如求救口哨，遇险时可通过口哨或敲打随身携带的物品发出声音，向周围发出求救信号，获得关注；出境前还可以提前学习一些当地简单的肢体语言，以便需要时用到；另外，外出时最好结伴而行，尽量不要单独出行。